千字文新读

【第二版】

中小学国学经典

主编 杜文秋
编委 杨忠 姚荣 罗臻 李丽 张萍萍 孟庆国 卢建华 高红敏 赵喆 孙海鹰 罗路晗 金显波 邹媛 杨亚平 罗帅 金跃军

科学技术文献出版社
SCIENTIFIC AND TECHNICAL DOCUMENTATION PRESS
·北京·

图书在版编目(CIP)数据

《千字文》新读 / 杨忠主编. —2版. —北京: 科学技术文献出版社, 2012.1（2019. 4重印）
ISBN 978-7-5023-7108-1

Ⅰ. ①千… Ⅱ. ①杨… Ⅲ. ①汉语—古代—启蒙读物 Ⅳ. ①H194.1

中国版本图书馆 CIP 数据核字（2011）第 237089号

《千字文》新读

策划编辑：周 玲 责任编辑：周 玲 责任校对：赵文珍 责任出版：张志平

出 版 者 科学技术文献出版社
地 址 北京市复兴路15号 邮编 100038
编 务 部 （010）58882938，58882087（传真）
发 行 部 （010）58882868，58882870（传真）
邮 购 部 （010）58882873
官方网址 www.stdp.com.cn
发 行 者 科学技术文献出版社发行 全国各地新华书店经销
印 刷 者 山东润声印务有限公司
版 次 2012 年 1 月第 2 版 2019 年 4 月第 2 次印刷
开 本 650 × 950 1/16
字 数 210千
印 张 14.5
书 号 ISBN 978-7-5023-7108-1
定 价 36.00元

前言

《千字文》是南朝齐梁时期周兴嗣撰写的一部经典篇章，是我国优秀的一篇启蒙读物。它用一千个汉字勾勒出完整的中国文化史的基本轮廓，代表了中国传统教育启蒙阶段的最高水平。

本文作于梁武帝大同年间（535—543年），距今已有一千四百多年了。周兴嗣这位名重一时的文豪，怎么写了一篇幼学童蒙读物呢？原来这是梁武帝的突发奇想。三国时期的书法家钟繇曾写过一篇《千字文》，但毁于西晋的动乱之中。王羲之又重新编撰过一篇，但文理音韵皆不佳。梁武帝为教子侄读书习字，于是令周兴嗣再次编撰。

据《太平广记》记载，梁武帝要教儿子们练习书法，又舍不得将王羲之的真迹拿出来，于是便命摹帖高手殷铁石，从内府所藏王氏墨迹中勾摹出一千个不同的字，供子侄们临摹。但这一千个单字凌乱无序，不便于记忆，于是将“次韵王羲之千字”的任务交给了周兴嗣，说：“卿有才思，为我韵之。”据说，周兴嗣绞尽脑汁，虽然只用了一夜的时间就编辑好了，但当他完成皇帝的命令的时候，已经鬓发皆白了。

《千字文》是四言长诗，首尾连贯，音韵谐美。以“天地玄黄，宇宙洪荒”开头，“谓语助者，焉哉乎也”结尾。全文共250句，每四字一句，句句押韵，前后贯通，内容涉及天文、自然、修身养性、人伦道德、地理、历史、农耕、祭祀、园艺、饮食起居等方面，可以说是一部袖珍的知识百科全书。

为弘扬中华民族传统文化，将博大精深的中华古典文学作品介绍给广大的读者朋友，我们精选版本，重新整理，博采众家之长，并赋予了新的理解、新的立意，将内涵不断延伸，将外延不断扩大，编辑出了《〈千字文〉新读》一书。

因编者水平所限，文中疏漏之处在所难免，敬请广大读者多提宝贵意见，以便于我们将更好的古典文学作品奉献给广大的读者朋友。

目录

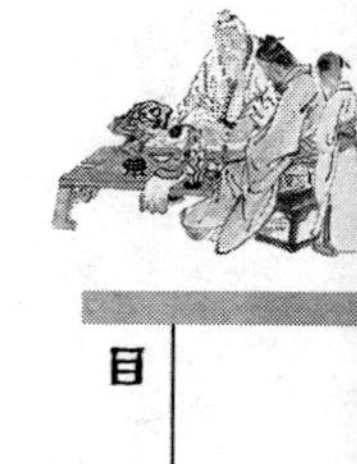

目录

目录

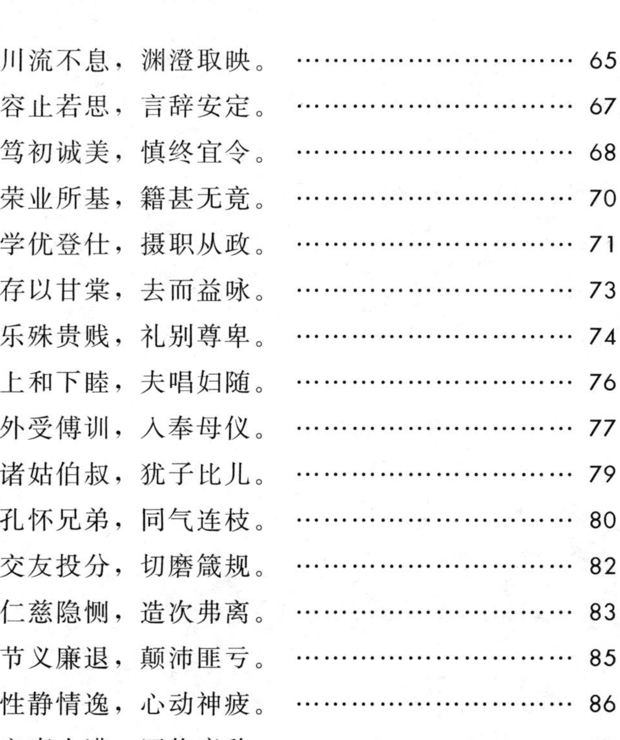

目录

《千字文》新读

目录

目录

目录

目

录

天地玄黄，宇宙洪荒

【译文】

大千世界，天是青黑色的，地是黄色的，广阔的天地形成于远古的混沌时代。

【注释】

①玄：青黑色。

②洪荒：是指远古时代。洪字的本义是大水，指地球上早期的洪水。荒字的本义是草木蒙昧，指的是远古时期人类还没有出现以前，距今至少有五百万年，那时的地球还处在混沌蒙昧的状态中。

【评解】

天地宇宙未诞生之前，是混沌状态的。一百五十亿年以前，这个超密度的粒子瞬间产生了大爆炸，形成了现在的物质宇宙，其中有形的物质凝聚成星体，就是“地”；无形的空间扩展开来形成了太空，就是“天”。

人们看到的天空之所以是蓝色，是因为水与光相互作用的结果，也就是物理学上称为光的散射效应。大气分子散射了阳光，天空才呈现出蓝色，但太空原本确实是青黑色的，黑漆漆的。

中国的传统文化应该说是黄河流域的文化。黄河水的颜色是黄的，土的颜色也是黄的，农作物黍、稷等都是黄色的，所以说地是黄色的。

根据古人所写的《淮南子》记载，四方上下叫作“宇”，往古今来叫作“宙”。“宇宙”二字，“宇”说的是空间，“宙”说的是时间，代表了现代科学“时空”的观念。洪荒是指地球形成的早期状态，大约是在距今五十亿年以前的（太阳系形成时期）。那时地球的地壳很薄，温度很高。

【国学小百科】

古代人的宇宙观

我国古人对宇宙的构造有三种不同的学说：

第一种：天是空洞洞的，日月星辰是漂浮在空洞洞的天上，这是古人的“宣夜说”。

第二种：天如同一个圆的帽子，地如同棋盘，圆帽盖在棋盘上，日月星辰固定在圆帽上，圆帽不停地转动，所以固定在圆帽上的日月星辰也不停地运行，这是古人的“盖天说”。

第三种：天像一个蛋壳，地被包在壳里像蛋黄，日月星辰都生长在壳上，天壳不停地转动，日月星辰也跟着不停地运行，这是古人的“浑天说”。

【相关链接】

盘古开天辟地

在远古时代，天地还未分开的时候，有一个人如同胎儿一样，盘缩在像鸡蛋壳一般的天地里面睡觉，一睡就是一万八千年。谁也不知道他有多少岁了，所以称他为“盘古”。盘古睡醒了以后觉得又黑又闷，根本无法很好地伸展手脚，于是他决定创造一个空间，以利于自己更好地伸展拳脚。

于是，盘古就把这个“鸡蛋壳”一斧子劈成了两半。轻的向上升成了天，浊的向下降成了地。为了固定住天地，他每天身高长一丈，过了一万八千年，天地终于被固定住了，盘古也化作了天地的一部分。

盘古开天辟地

日月盈昃，辰宿列张

【译文】

日月运行在天空，日出日落，月圆月缺，各循其规律，星辰遍布于广阔的天空。

【注释】

①盈：指的是盈满，这里是针对月亮说的，意思是月圆。

②昃：读 zè，指的是太阳西斜。太阳每天都东升西落，正午的时候位置最高，一过午时就叫昃。

③辰宿：星宿。

④列：排列，陈摆开来的意思。

⑤张：张布，展开挂起来的意思。

【评解】

太阳和月亮各自遵循自己的规律循环往复地运动。人们于是根据月亮盈亏变化的一个周期来纪日，这就是中国最早的太阴（太阴就是月亮）历，简称阴历。再根据太阳在黄道十二宫（在地球上观察太阳运动所形成的运动的轨道叫作黄道，黄道一个周天三百六十度，分为十二个等份，叫作黄道“十二次”或“十二宫”）的不同位置来纪月，就是所谓的太阳历。中国的历法一向是阴阳合历。

星辰闪烁张布，各按自己的位置，陈列散布在辽阔的空中。广义的“辰”是星体的总称，俗称星辰。狭义的“辰”是指北辰，即北斗七星而言。北斗七星属于现代天文学的大熊星座，可以用来辨别方向，判定季节。广义的“宿”指的是星宿。

星和宿是有区别的，单颗的称星，一颗以上的一团星、一组星，称为“宿”。天上的星都是星座、星团，一团团、一组组，根本数不出有多少个，因此只能勉强以“宿”来计算。

【国学小百科】

古人对星宿的划分

把二十八宿连起来以后，看其形状像四种动物，所以中国古人的说法是东方苍龙、西方白虎、南方朱雀、北方玄武。

中国天文学最鼎盛的时代是隋唐时代，那时的星域分区，把天体分成三大圈，叫三垣（yuán）：太微垣、紫微垣、天市垣。“垣”是院墙的意思，这里指将星域分成三进大院套。然后再按东西南北，像切西瓜一样把星域分成四块（四方），每一方选择七组恒星（所谓恒星是不动的星，像太阳一样永远不变）以便于观察和比较。每一方有七组星宿，四方加起来有二十八组，就是二十八宿。

【相关链接】

嫦娥奔月

在远古的时候，传说有个叫羿的人，力大无比，非常神勇。他用宝弓神箭，一口气射下了让老百姓苦不堪言的九个太阳。为此，老百姓非常爱戴他。

羿有一个贤惠美丽的妻子，名叫嫦娥，人们都非常喜欢她。

有一天，一个老人来到羿的面前，赠给他一包长生不老药，吃了可以升天，长生不老。羿舍不得心爱的妻子和乡亲，不愿自己一人升天，就把长生不老药交给嫦娥收藏起来。

羿收了几个徒弟，其中有一个徒弟叫蓬蒙，是个奸诈小人，一心想偷吃羿的长生不老药，想自己升天成仙。

嫦娥奔月

有一天羿带着徒弟们去外面打猎。傍晚时，找借口未去打猎的蓬蒙闯进嫦娥的住所，威逼嫦娥交出可以升天的长生不老药。

嫦娥被逼无奈，仓促间把药全部吞下肚里。马上，她便身轻如燕，飘出窗口，直上云霄。由于嫦娥深爱着自己的丈夫，她就在离地球最近的月亮上停了下来。

寒来暑往，秋收冬藏

【译文】

春夏秋冬四季循环，冬季寒冷夏季炎热，秋天收割粮食冬天储存起来。

【注释】

①收：指收割庄稼。

②藏：指储存粮食。

【评解】

寒暑循环变换，来了又去，去了又来。秋天收割庄稼，冬天储藏粮食。《易经》里说："寒来则暑往，暑往则寒来，寒暑相推，而成岁焉。"地球绕太阳公转的轨道是椭圆的，一年之中有距太阳最近的近日点（1.4 亿公里）、距离最远的远日点（1.6 亿公里），造成四季日照时间的长短不一样。地球的地轴是倾斜的，自转起来造成各地区日照强度不均衡，这就产生了寒暑的变化。

寒暑说的是气候的变化，秋冬是四季的推移。气候注重的是地球上的温度、湿度和光照时间；物候则关心生物消长的节律性，偏重在生物与自然的关系。温度、湿度和光照时间又是农作物生长所必须考虑的重要因素。农业和天气的关系最为密切。农作物的生长需要光、热、水分等条件，家养动物的繁殖、生长也得有适宜的气候条件。世界上农业发达地区多是气温、水量适度的地方，是否风调雨顺直接影响到农作物的收成和畜牧业的发展。

【国学小百科】

古人的天气预报

天文学以黄道内的28宿为坐标，研究五大行星再加上日月地球，八个天体之间的关系。28宿虽然都是恒星，但离我们至少都有40万亿公里（4.3光年），正因为它们光色暗淡，又恒定不动，所以便于作为背景和坐标，来观察五星和日月的运动。

如果七曜中的两个或三个星体出现冲、留、合的变化，即运转角度、排列与距离的不同，会对地球产生引力上的改变，形成不同的气象。月球质量轻，自转速度快，引力小，不能单独靠引力调集雨云。其他几个星体，可以利用其引力调集雨云，造成地球上的暴雨。通常两星或多星夹角的合力矢线所指的地球方向会有暴雨，夹角内地区的云被吸走了，会出现干旱。

中国自古以来就有九州的说法。帝喾（kù）高辛氏始建九州，舜帝时增至十二州，大禹治水以后又确定为九州，并铸了九鼎，以永定九州。九州就是兖、冀、青、徐、扬、荆、豫、梁、雍。每一州对应着天上星域的一个分区，叫作九州分野。多星夹角的矢力线所指的分野，地球上对应的九州就会有旱涝冰雹等灾害或火山地震等灾变。因此，古代的天官，多用五星、七曜的变化来预报气象的变化。

【相关链接】

"年"的故事

相传在远古时候，我们的祖先曾遭受一种最凶猛的野兽的威胁，这种猛兽叫"年"，它以捕百兽为食，到了冬天，山中食物缺乏时，还会闯入村庄，猎食人和牲畜，百姓惶惶不可终日。人和"年"斗争了很多年，逐渐发现，"年"怕三种东西，红颜色、火光、响声。

于是在冬天人们在自家门上挂上红颜色的桃木板，门口烧火堆，夜里通宵不睡，敲敲打打。这天夜里，"年"闯进村庄，见到家家有红色和火光，听见震天的响声，吓得跑回深山，再也不敢出来。夜过去了，人们互相祝贺道喜，大家张灯结彩，饮酒摆宴，庆祝胜利。

为了纪念这次胜利，以后每到冬天的这个时间，家家户户都贴红纸对联在门上，点灯笼，敲锣打鼓，燃放鞭炮烟花；夜里，通宵守夜；第二天，大清早互相祝贺道喜。这样一代又一代流传下来，就成了“过年”。

闰余成岁，律吕调阳

【译文】

积累数年的闰余并成一个月，放在闰年里，乐律中有六律六吕配合十二个月来调节阴阳。

【注释】

①闰：余数。历法纪年与地球环绕太阳运行一周的时间有一定差数，所以每隔数年必设闰日或者闰月加以调整，使四季正常运行。

②律吕：中国古代将一个八度分为十二个不完全相等的半音，从低到高依次排列，每个半音称为一律，其中奇数各律叫作“律”，偶数各律叫作“吕”，总称“六律”“六吕”，简称“律吕”。相传黄帝时伶伦制乐，用律吕以调阴阳。

【评解】

历法里有闰月闰年。“闰余成岁”的“岁”与“年”是两个概念。年表示从今年的正月初一到来年正月初一的这一段时间，为自然年。岁表示从今年的某一节气到明年的同一节气的一段时间，为回归年。岁的本义是岁星，岁星就是木星，木星运行的轨迹叫太岁。用岁星纪年是我国天文历法的另外一种。木星（岁星）12 年绕天一周，每年行 30 度，为一个岁次。用之记载历史事件，就记为：岁在某某。太阳历纪年，岁星历记岁，这样年岁相符，就是“闰余成岁”。

中国的天文历法，历来是太阴和太阳合参，以太阴记月，太阳记年。以公元纪年的太阳历，是根据太阳周天 360 度，运行 365 天制定的历法，简称阳历。中国很早就有太阳历。因为太阳历与月律（月亮的节奏、节律）不符，所以没有正式颁布使用。月球质量轻、自转速度快，绕地轨道是椭圆。月亮盈亏朔晦，一个周期近地点时是 30 天，远地点时是 29 天，平均是 29 天多一点。这样，一年加起来是 354 天，按照太阳历算是 365 天，中间差了 11 天，这就叫闰余。一年相差 11 天，三年加起来就差了 33 天，多出一个月。怎么办呢？只能每三年，加多一个月出来，这样加出的月叫闰月，加闰月那年就叫闰年。平年是十二个月，闰年就是十三个月。

【国学小百科】

古代的音律

中国古代在音乐上有五音，宫、商、角、徵（zhǐ）、羽，这是五个全音，再加上两个半音，一个是 4，一个是 7，一共七个音。这七音是一个八度的自然音阶，没有音高，也就是没有定调。

相传是黄帝时代的伶伦发明了“律吕”来定调。伶伦用十二根竹管，其中最长的九寸，最短的四寸六分，因为九是阳的极数。然后按长短次序将竹管排列好，上面的管口一边齐，下边长短不一，像切大葱一样，留斜茬，然后插到土里面。

竹管是空的，里面灌满用苇子膜烧成的灰。这种飞灰最轻，叫暇莩（fú）。把这些管埋在西北的阴山，拿布幔子遮蔽起来，外面筑室，绝对吹不到一点风。到了冬至的时候，阳气生，第一根九寸长叫黄钟的管子里面的灰，自己就飞出来了，同时发出一种“嗡”的声音。这种声音就叫黄钟。用这种声音来定调相当于现代音乐的 C 调。

【相关链接】

伯牙鼓琴遇知音

俞伯牙是春秋时期有名的音乐家，擅长弹琴。一日，伯牙来到泰山（今武汉市汉阳龟山）北面游览时，突然遇到了暴雨，只好滞留在岩石之下，心里寂寞忧伤，便拿出随身带的古琴弹了起来。

刚开始，他弹奏了反映连绵大雨的琴曲；接着，他又演奏了山崩似的乐音。恰在此时，樵夫钟子期忍不住在临近的一丛野菊后叫道："好曲！真是好曲！"原来，在山上砍柴的钟子期也正在附近躲雨，听到伯牙弹琴，不觉心旷神怡，在一旁早已聆听多时了，听到高潮时便情不自禁地发出了由衷的赞赏。

俞伯牙听闻赞语，便又继续弹了起来。伯牙凝神于高山，赋意在曲调之中，钟子期听后频频点头："好啊，巍巍峨峨，真像是一座高峻无比的山啊！"伯牙又沉思于流水，隐情在旋律之外，钟子期听后，又在一旁击掌称绝："妙啊，浩浩荡荡，就如同江河奔流一样呀！"

伯牙每每弹奏一支琴曲，钟子期就能完全听出它的意旨和情趣，这使得伯牙惊喜异常。他放下了琴，叹息着说："好呵！好呵！您的听音、辨向、明义的功夫实在是太高明了，您所说的跟我心里想的真是完全一样，我的琴声怎能逃过您的耳朵呢？"

二人于是结为知音，并约好第二年再相会论琴。可是第二年伯牙来会钟子期时，得知钟子期不久前已经因病去世。俞伯牙痛惜伤感，难以用语言表达，于是就摔破了自己从不离身的古琴，从此不再抚弦弹奏，以谢平生难得的知音。

云腾致雨，露结为霜

【译文】

云气升到天空，遇冷就形成雨，露水遇上寒夜，很快凝结为霜。

【注释】

①云：指云气。

②腾：上升。

【评解】

这两句讲述了一种自然现象，即云气上升到空中，气温降低就会形成雨水；露水在低温下会凝结为白霜。

“露结为霜”这一句话出自《易经》“履霜坚冰至，阴始凝也”之语。履霜，即踩到霜。阴始凝也，即阴气开始凝结了。雨的形成按照现代科学的解释为，大气中的水汽在热力环流、锋面、地形的作用下随热空气上升，空气在上升的过程中随着气压的下降体积膨胀，进而气温下降，当气温降到露点以下，水汽达到饱和、过饱和状态，于是水汽开始凝结成小水滴，水滴不断长大就变成了雨滴。古人认为“地气上升为云，天气下降为雨”。

霜和露本质相同，是水的两种不同状态。露是液态的，霜是固态的。白天，地球表面吸热；夜晚，地球表面散热。晚上，热的地气往上散的时候，由于地表温度逐渐降低，水蒸气遇冷变成露水。气温进一步降低，它就结成霜了，特别是到了白露、霜降节气的时候，完全变为白霜。

【国学小百科】

古人的“雨”境

杜甫认为雨是“随风潜入夜，润物细无声”的，对于春雨的降临，他感到喜悦。而当同样的春雨飘落在南唐后主李煜的帘外时，他的心中却充满了对故国的怀念之情，才写下了传世的名词《浪淘沙》。

身在异乡的李商隐听到窗外的雨声时，他便在回信中对妻子写道：“何当共剪西窗烛？却话巴山夜雨时。”把无限的乡愁寄托给飘飘洒洒的细雨，带回远方的家乡。

同样的雨，在失去丈夫，饱尝国破家亡之痛的易安居士眼中，是“梧桐更兼细雨，到黄昏，点点滴滴，这次第，怎一个愁字了得”。这时的雨，绵绵密密，一如那满天的愁云，是积郁在词人心中的无限哀愁。

而同样的夜雨，到了陆放翁的眼中，却是“夜阑卧听风吹雨，铁马冰河入梦来”。此刻的雨，则一扫易安的惆怅，激荡着金戈铁马的风雷之气。

对听雨的境界最具独到见解的还数南宋词人蒋捷：“少年听雨歌楼上，红烛昏罗帐。壮年听雨客舟中，江阔云低，断雁叫西风。而今听雨僧庐下，鬓已星星也。悲欢离合总无情，一任阶前，点滴到天明。”

似乎古人对雨是特别敏感的，这可能与古人所处的时代有关，那时交通不如今天便利，一匹瘦马，羁旅天涯，前路漫漫，归期未卜。点点滴滴的暮雨，自然会轻轻拂动游子敏感的心弦。

【相关链接】

大禹治水的故事

上古时代，尧任部落首领的时候，黄河流域发生了很大的水灾，庄稼被淹了，房子被毁了，老百姓只好往高处搬。不少地方还有毒蛇猛兽，伤害人和牲口，叫人们过不了日子。

尧任命鲧去治水，鲧花了九年时间治水，没有把洪水制服。因为他只懂得水来土掩，造堤筑坝，结果洪水冲塌了堤坝，水灾反而闹得更凶了。尧死后，舜接任部落联盟首领。他发现鲧办事不力，就派鲧的儿子禹去治水。

大禹治水

禹改变了父亲围堵的做法，而采用开渠排水、疏通河道的办法，把洪水引到大海中去。经过十三年的努力，终于把洪水引到大海里去了。

禹为了治水，到处奔波，留下了“三过家门而不进”的美谈。当时，黄河中游有一座大山，叫龙门山（在今山西河津市西北）。它堵塞了河水的去路，把河水挤得十分狭窄。奔腾东下的河水受到龙门山的阻挡，常常溢出河道，闹起水灾。禹到了那里，观察好地形，带领人们开凿龙门，把这座大山凿开了一个大口子。这样，河水就畅通无阻了。

后代的人都称颂禹治水的功绩，尊称他为大禹。

金生丽水，玉出昆冈

【译文】

金子生于金沙江底，玉石出自昆仑山岗。

【注释】

①丽水：指金沙江。金沙江位于我国第一大河长江的上游，宋代因为河中出现大量淘金人而称金沙江。

②昆冈：指昆仑山。

【评解】

我国地大物博，物产丰富。这两句是说中国的物产，黄金和玉石都是非常珍贵、非常稀有的天然物产。

黄金是百金之首，众金之王，现代科技证明它的抗氧化作用很强，可以长久保存不变色、不变质、不生锈，自古以来都以黄金作为流通的货币。

古人认为，黄金可以驱邪避凶，故多用黄金做佩戴的首饰。中国最有名的沙金产地在丽水，就是云南的丽江。当地的土人都在江边筛沙沥金，丽江因为出金沙，所以自古就被称为金沙江。

玉石也是很珍贵的物产，有“观祥云知山有美玉”的说法，因为相传玉是山石千百年来受了日精月华而变化的。好的玉石称暖玉，拿在手里感觉很温暖，不像普通的石头，冰凉梆硬。

古人非常珍视玉，《礼记·玉藻篇》说：“古之君子必佩玉。”据说玉可以代主受过，保身平安，一旦有什么意外事故发生，身上所佩戴的玉先破碎，所以“君子无故，玉不去身”。

昆冈是指西北的昆仑山，在中国的西北边陲，今天的新疆一带，是中国的第一大山。昆仑山分为三面八支，其中的一面在上古时代的中国境内，也是黄河的发源之地。昆仑山盛产美玉，是古代中国采玉的主要矿脉，同时它又是传说中西王母的洞府所在地。

【国学小百科】

金沙江的由来

古语云：“黄金生于丽水，白银出自朱提”，这里所说的丽水就是金沙江。金沙江位于我国第一大河长江的上游，早在2000多年前的战国时期就进入了人们的视野。《禹贡》中将其称为黑水，随后的《山海经》中称为绳水，东汉许慎的《说文解字》及《汉书·地理志》中将今雅砻（lóng）称为淹水，而以若水（雅砻江）为干流。三国时诸葛亮“五月渡泸，深入不毛”，泸水即现在的金沙江。

那为什么后来改称金沙江了呢？因为它沿河盛产沙金，沙金是产于河流底层或低洼地带，石沙混杂在一起，经过淘洗出来的黄金。沙金起源于矿山，是由于金矿石露出地面，经过长期风吹雨打，岩石北风化而崩裂，金便脱离矿脉伴随泥沙顺水而下，自然沉淀在石沙中，在河流底层或沙石下面沉积为含金层，从而形成沙金。

这里的沙金颗粒大小不一，大的像蚕豆，小的似细沙，奇形怪状。颜色因成色高低而不同，九成以上为赤黄色，八成为淡黄色，七成为青黄色。人们纷纷慕名前来淘金发财，而宋代淘金人数空前，故改称金沙江。

【相关链接】

瑶池圣母

在中国古代神话中，瑶池圣母一直是一个褒贬不一的人物。瑶池圣母，又称金母、西王母，相传居住在昆仑山上的瑶池仙境，境内种有三千年开花，三千年结果，食之长生不老的“仙母蟠桃”。

在神话传说中，瑶池圣母是一个雍容华贵、地位超然的慈祥女神。在《汉武帝内传》中记载，瑶池圣母容貌美丽，倾国倾城，曾经赐蟠桃予汉武帝。《穆天子传》也记载，瑶池圣母言行优雅，温婉大方，曾经在瑶池摆设宴席，邀请周穆王赴宴。

但在《山海经》却记载，瑶池圣母面目丑陋，形状似人样，但是牙齿像虎牙一般锋利，而且长有豹子的尾巴，叫起来震动天地，让人不寒而栗。她受上天的安排，掌管人间的刑罚，专门负责散布瘟疫、病毒、灾难，是一个凶神恶煞的恶魔。

剑号巨阙，珠称夜光

【译文】

最有名的宝剑叫“巨阙”，最贵重的明珠叫“夜光”。

【注释】

①号：号称，称作是。

②巨阙：剑名。阙，音 què，据说越王允常令欧冶子铸宝剑五把，其中最好的一把叫巨阙。

③夜光：宝珠名。《搜神记》中说，隋侯救好了一条受伤的小蛇，小蛇衔了一颗珍珠报答他的恩情，那珍珠夜间放射出的光辉能照亮整座宫殿，因此人称“夜明珠”。

【评解】

这两句介绍了两件无价之宝。第一件就是巨阙宝剑，第二件就是夜光珠。战国时期，越国的铸剑大师欧冶子铸了五把宝剑，其中三把是长剑，两把是短剑。长剑的第一把就是巨阙剑，第二把叫纯钧剑，第三把叫湛卢剑。两把短剑分别是镆铘剑和鱼肠剑。

这五把宝剑都锋利无比，是欧冶子得天上神灵相助，竭其才智制作成功的，都是价值连城的稀世宝剑。对纯钧剑，就有这样一段称赞之语："观其华，如芙蓉始出；观其抓，烂如列星之行；观其光，浑浑如水之溢于溏；观其断，崖崖如琐石；观其才，焕焕如冰释。"

据说真正的夜光珠能将十步左右的暗室照得如同白昼一般。通常情况下，我们所说的夜明珠是指荧光石、夜光石。它是大地里的一些发光物质经过了千百万年，由最初的岩浆喷发，到后来的地质运动，集聚于矿石中而成，含有这些发光稀有元素的石头，经过加工，就是人们所说的夜明珠。

夜明珠常见的颜色有黄绿、浅蓝、橙红，把荧光石放到白色荧光灯下照一照，它就会发出美丽的荧光，这种发光性明显地表现为昼弱夜强。

【国学小百科】

三长两短的由来

平日里，人们总是会说：要是有个三长两短这可怎么好啊。我们知道，三长两短指意外的灾祸或事故。明代罗贯中所著《三遂平妖传》云："万一些后再有三长两短，终不能靠着太医活命。"故三长两短也借指人的死亡。那么三长两短的说法是怎么来的呢？

春秋时代吴国铸剑大师欧冶子铸"三长两短"五把利剑：纯钧、巨阙、湛卢、镆铘和鱼肠。其中纯钧、巨阙和湛卢为长剑，镆铘和鱼肠为短剑。在历史上著名的专诸刺王僚的故事中，剑客专诸，受吴公子光收买，要刺杀吴王僚。吴王爱吃烤鱼，专诸就假扮厨师，手托鱼盘，鱼肚子里就暗藏利刃，趁机刺杀了吴王。那把锋利的短剑就被后人称作鱼肠剑，而三长两短则成了意外灾祸的代名词。

【相关链接】

买椟还珠

春秋时代，楚国的一个珠宝商带着一批珠宝到郑国去卖，为了吸引顾客购买，他选用珍贵的楠木给珠宝做了非常精致的盒子，又用珍贵的桂椒一类的香料把盒子熏得芳香扑鼻，并且，还在盒子上面镶嵌上许多珠玉，用玫瑰色和翠绿色的宝石装饰起来。

这个珠宝商满怀希望地来到最繁华、热闹的街市上展示他的珠宝。果然不出所料，马上有许多人围拢来驻足观看。有一个郑国人看见如此精美装饰的盒子，爱不释手，心想，如果能买到这个盒子就太好了。于是，他毫不犹豫买下一个，打开盒子后把里面的珠宝退还给珠宝商，拿着盒子十分高兴地走了。

这个郑国人没有眼光，舍弃价值连城的珠宝而选择不太值钱的盒子，取舍不当，实在是太愚蠢了。

果珍李柰，菜重芥姜

【译文】

果子中最珍贵的是李子和柰子，蔬菜中最看重的是芥菜和生姜。

【注释】

①李：李子。

②柰：音 nài，一种水果，俗称桃李。

【评解】

这两句介绍了两种营养价值最丰富的水果和两种对人体最好的蔬菜。水果里面的珍品是李子和柰子。李子和柰子属于同科植物，都能够“和脾胃，补中焦”，不过柰子比李子的品种还要好，价钱也要贵。柰子比李子个儿大一点，也是紫颜色，样子有点像桃，俗称“桃李”，但不是桃树和李树嫁接的品种。

蔬菜里面最重要的是芥菜和姜。芥菜和姜都味辛，能开窍、解毒，都能排除人体的邪气。《神农本草经》说：“芥味辛，除肾邪，利九窍，明耳目”；“姜味辛，通神明，去臭气”。二者都是蔬菜中解毒调味的珍品，所以说“菜重芥姜”。

【国学小百科】

《神农本草经》

《神农本草经》是我国最早的药物学著作，相传是遍尝百草的神农氏所著。本草是所有的植物。因为我国古代的药物多取材于植物，所以用本草代指药物，以本草来命名此书。

《神农本草经》首次系统总结了我国古代的临床用药经验，是医生和药师学习中药学的教科书，或者位列必读书目。这部书对后世影响巨大，历来被誉为中药学经典之作。书中详细记载了每一味药的来源地、性质、主旨症状和采集手段，说明了各种药物的相互配合使用方法和简单制剂。

更令人惊叹的是，这部书还记载了很多治疗常见疾病的特效药物，如麻黄可以治疗哮喘，大黄可以泻火，常山可以治疗疟疾等。

【相关链接】

王戎与路边苦李

《世说新语》曾记载了这样一则小故事："王戎七岁，尝与诸小儿游，看道边李树多子折枝，诸儿竞走取之，唯戎不动。人问之，答曰：'树在道边而多子，此必苦李。'取之信然。"大概的意思就是：

七岁的王戎与几个小孩一道游玩，忽然看见路边有棵李子树，树上结满了李子，树上的李子果实累累压折了枝条，让人垂涎欲滴。小朋友都争先恐后地跑去摘李子，而王戎却站着不动。有一个过路的大人奇怪地问他为什么不去摘李子，王戎回答说："路边的李树，结满了果实而没有人摘，说明这李子一定是苦的。"跑去摘李子的小孩子，拿到李子一尝，果然是苦的。

海咸河淡，鳞潜羽翔

【译文】

海水是咸的，河水是淡的，鱼儿在水中潜游，鸟儿在天空飞翔。

【注释】

①鳞：泛指鱼类。
②羽：泛指鸟类。

【评解】

这两句告诉人们自然界的一些常识：海水是咸的，河水是淡的；长鳞的动物在水里潜行，长羽毛的动物在天上飞翔；也就是告诫人们要顺其自然，随遇而安，不可逆天而行。

“潜”是水下行的意思，“鳞”指长鳞的动物。众所周知，鱼有鳞，但是长鳞且在水中潜行的动物种类繁多，何止鱼一种呢？龙、海龟、玳瑁一类的动物就是长鳞且在水中潜行的。所以，只把“鳞”理解成鱼太狭隘。同样，长羽毛能在天上飞的，也不仅是鸟。野鸭子、天鹅、白鹤都能飞。在生物学上，它们都属于鸟纲。

古语有“羽化登仙”之说，指人修道成仙后能飞升，“羽化”比喻人像鸟一样能飞。“羽化”是修道的最高境界。现代生物学叫“返祖”现象，总之，是返璞归真，回归到生命的起点。

【国学小百科】

古代文明的起源地——河流

纵观世界历史，不难看出，人类的各大文明几乎都起源于各大河流：古巴比伦起源于底格里斯河及幼发拉底河；古中国起源于黄河；古印度起源于印度河及恒河；古埃及起源于尼罗河。为什么人类的文明起源于河流呢？

人类最初的文明是建立在农业基础上的，可以说，农业革命造就了各大文明古国的繁荣昌盛。农业上的进步，使粮食产量大幅提高，从而使更多的人填饱了肚子，促进了人口的增长和存活率。

农业革命的关键就是灌溉技术的改革。由于灌溉技术的提高，导致了粮食的增收。由于古代还没有现在这么先进的灌溉方法、灌溉手段，当时人们只有依傍在大河流域繁衍生息，从而出现了灿烂的河流文化。

【相关链接】

精卫填海

人们常常以成语“精卫填海”比喻志士仁人坚持不懈地从事艰巨卓越的事业。相传炎帝有一个女儿，名叫女娃，生得十分乖巧，炎帝视她为掌上明珠。一日，女娃独自一人驾着一只小船在东海玩耍，突然，海上起了狂风巨浪，像山一样高的浪头把女娃的船打翻了，女娃落入水中，最终被大海吞没了。炎帝十分伤心，但是他强烈的太阳光却无法使女娃死而复生。

女娃死了，她的灵魂化作了一只小鸟，花脑袋，白嘴壳，红脚爪，发出“精卫、精卫”的悲鸣，所以，人们便叫此鸟为“精卫”。精卫痛恨无情的大海夺去了自己年轻的生命。因此，她一刻不停地从她住的发鸠山上衔起小石子或树枝，展翅高飞，一直飞到东海。她在波涛汹涌的海面上盘旋、悲鸣，把石子树枝投下去，想把大海填平。她衔呀，扔呀，成年累月，往复飞翔，从不停息。晋代陶渊明有诗云：“精卫衔微木，将以填沧海”，热烈赞扬精卫小鸟敢于向大海抗争的悲壮战斗精神。

龙师火帝，鸟官人皇

【译文】

伏羲氏以龙命官称为龙师，神农氏以火命官称为火帝，少昊氏以鸟命官为鸟官，接下来是天皇、地皇、人皇。

【注释】

①龙师：传说伏羲氏以龙为百官命名，人称龙师。

②火帝：传说神农氏以火为百官命名，人称火帝。

③鸟官：少昊氏以鸟为百官命名，人称鸟官。

④人皇：相传上古时代有天皇、地皇、人皇。

【评解】

这两句介绍了中华民族的始祖。龙师是伏羲氏，他是中国太古时代的三皇之首，他一出场就代表了三皇：伏羲氏、神农氏和黄帝。火帝是发明钻木取火的燧人氏，他是人类文明的奠基人。有了火，人类才告别了黑暗，进入了光明的文明时代，所以他是中国历史上最早的火帝。

鸟官是中国太古五帝的第一位，少昊氏，代表了少昊、颛顼、帝喾、唐尧、虞舜五帝。人皇是人皇氏，代表了远古史上的三皇：天皇、地皇、人皇。

【国学小百科】

钻木取火的由来

原始社会初期，人类以狩猎的方式获取食物，过着茹毛饮血的生活。那时候的人类还不知道利用火。火，在自然界早就出现了。火山爆发，有火；雷电劈击，引起森林火灾。但是，早期的人类以为火是一种恐怖的怪物，对火敬而远之。

后来的一场森林火灾改变了人类的想法。人们发现被大火烧死的野兽的肉非常好吃。于是，人们渐渐地学会了用火烤食物吃，但是火种的保存很困难，遇到刮风下雨，火种很容易熄灭。

钻木取火

不知又过了多少年，“燧人氏”发现用两块燧石相互撞击摩擦，会有火花冒出来。于是，他把这种方法告诉了人们，并教人采集“火石”。他还发现，用一根坚硬锐利的木棒在原木上使劲地钻，也能冒出火星来，钻木取火就由此而来。

【相关链接】

伏羲氏推演八卦

远古时代，伏羲氏被众人推选为君主。伏羲氏从此更加勤恳劳作，日理万机。一日，伏羲氏劳动之余休息，望着广袤的天空，突然之间有了灵感，觉得天地万物一定存在某种必然的联系。于是，他就仔细观察天空、大地以及自然界万物的变化，总结日月运行、四季更替，昼夜变化、生老病亡等规律，最终画出了八卦图。

所谓八卦，是指乾卦、坤卦、震卦、巽卦、坎卦、离卦、艮卦、兑卦。据《周易·系辞传》记载：“易有太极，是生两仪，两仪生四象，四象生八卦。”这是从哲学的立场阐述了八卦的产生。

始制文字，乃服衣裳

【译文】

有了仓颉，开始创造了文字，有了嫘祖，人们才穿起了遮身盖体的衣裳。

【评解】

仓颉创造了文字，嫘祖最早制作了衣裳。据记载，仓颉造字、嫘祖制衣都发生在黄帝时代。

黄帝被尊为“人文初祖”，从黄帝开始，人类的文明进程才正式开始了。黄帝姓姬，名轩辕，号有熊氏，在位100年。从黄帝开始中国历史开始记年，从甲子年开始记起，至今有5000年，所以说中国有五千年的文明史。

黄帝手下有六个大臣，各有贡献。仓颉造字，伶伦造乐，隶首做算数，大挠造甲子，岐（qí）伯作医学，发明衣裳的是胡曹。

在此之前的原始文明阶段，人只是拿树叶、兽皮往下身一围就算了。嫘祖养蚕缫丝制衣，上身穿的叫衣，下身穿的裙子叫裳，裤子是很晚才出现的。这里用仓颉造字、嫘祖造衣裳代表黄帝时代完成的包括指南车、历法、舟车在内的传统科技成果和发明创造，称颂了中国人对人类物质文明的贡献。

【国学小百科】

汉字的渊源

传说汉字的历史源于仓颉造字。仓颉根据日月形状、鸟兽足印创造了汉字，从此人们有了记录历史的工具。当然，这只是一个美好的传说而已，没有历史文献可以考证。

现在我们发现的最早的汉字体系是殷商甲骨文。在已发现的

4500 多甲骨文单字中，目前已能认出近 2000 字。与甲骨文同期，青铜器上铸造的文字称为金文或钟鼎文，西周时期的《散氏盘》《毛公鼎》具备很高的史料和艺术价值。秦始皇统一中国后，李斯在大篆和六国古文的基础上，进行规范和整理，制定出了小篆作为秦朝的标准书写字体，统一了中国的文字。小篆呈长方形，笔画圆润流畅，很好地解决了各国文字间出现的大量异体字，“书同文”的历史从此开始。文字的统一有力地促进了民族之间文化传播，对中华民族的认同和中国的统一发挥了重要作用。

【相关链接】

黄帝战蚩尤

远古时代，黄帝是黄河流域的部落首领。他爱民如子，生性仁厚，受到百姓的爱戴。那时候，长江流域的部落首领是蚩尤。他性格残暴，崇尚武力，百姓不堪其苦。蚩尤还有八十一个兄弟，个个铜头铁臂，力大无穷。蚩尤常常带领他的兄弟们去侵扰其他部落。

黄帝闻听蚩尤的暴行，决定除掉这个部落的祸害，使百姓安居乐业。于是，他联合各个部落首领，在涿鹿的田野上同蚩尤展开了一场决战。

大战之初，蚩尤凭借良弓强弩和勇猛的兄弟，节节胜利。后来，黄帝请来猛龙怪兽助战。蚩尤的军队抵挡不住，纷纷败逃。黄帝率领军队乘胜追击，不料，蚩尤请来了“风神”和“雨神”来助战。忽然之间，天昏地暗，浓雾迷漫，狂风大作，雷电交加，暴雨如注，黄帝的军队无法前进。黄帝只好请来“旱神”来帮忙，驱散了风雨。

蚩尤不甘心失败，又施展妖术制造了一场大雾，黄帝的军队在大雾中迷失了方向。黄帝急中生智，制造了一辆“指南车”，指挥军队冲出了迷雾。经过几番激烈的恶斗，黄帝杀死了蚩尤的八十一个兄弟，并最终活捉了蚩尤。

推位让国，有虞陶唐

【译文】

唐尧、虞舜英明无私，主动把君位禅让给功臣贤人。

【注释】

①有虞：有虞氏，传说中的远古部落名，舜是它的首领。这里指舜，又称虞舜。

②陶唐：陶唐氏，传说中的远古部落名，尧是它的首领。这里指尧，又称唐尧。尧当了七十年的君主，他死时把君位传给了舜。舜当了五十年的君主，又把君位传给了禹，史称“禅让”。

【评解】

举贤让位的是唐尧和虞舜。推的意思是辞让，推位是把自己的君位委予贤人。让的意思是禅让，禅让是把统治权让予能者。“推位让国”是君位、权力一齐交出来，统统交出，毫无保留。

“有虞”“陶唐”说的是五帝里面的最后两位，尧是帝喾（kù）之子，黄帝的玄孙，由于他德高望重，人民倾心于帝尧。他严肃恭谨，光照四方，能团结族人，使邦族之间和睦相处，生活简朴，得到人民的拥戴。尧年老时，由四岳十二牧推举继承人，大家一致推荐了舜。尧帝把自己的两个女儿嫁给了舜，又对他进行了长期的考察，最后才放心地把君位禅让给了舜，死时 118 岁。

舜是颛顼一脉的子孙，他宽厚待人，孝顺父母，慈爱兄弟，为政仁和。舜帝年迈时把君位禅让给禹，自己死于巡视的路上。

尧帝和舜帝，他们都能使九族和睦，民风质朴。

【国学小百科】

世袭制与禅让制

“世袭制”与“禅让制”是我国古代历史进程中影响广泛的两种政治制度。“世袭制”是皇帝退位后，自己的儿子继承皇帝的九五之尊。按照世袭制，名号、爵位及财产等延续血统关系世代传承，这种传承主要分为“家长”的传承和诸侯国的传承。执政的君主之间有君位的承接，上一任君主与下一任君主不一定是直系的血缘关系，有的是兄传弟，也有的是叔传侄。还有的是没有任何血缘关系，而是受命于王，有甚者是谋权篡位，所以这些不在世袭之列。

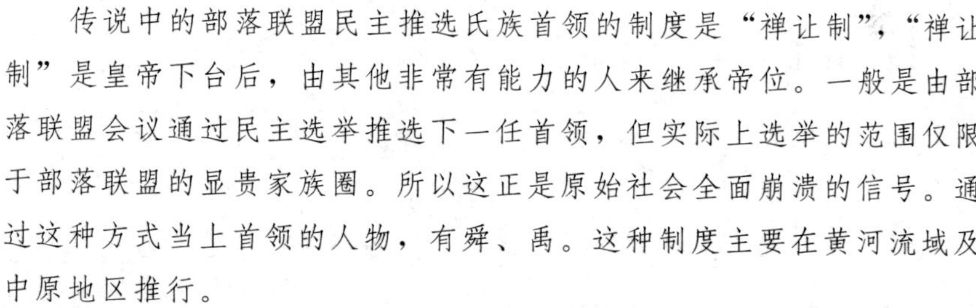

传说中的部落联盟民主推选氏族首领的制度是“禅让制”，“禅让制”是皇帝下台后，由其他非常有能力的人来继承帝位。一般是由部落联盟会议通过民主选举推选下一任首领，但实际上选举的范围仅限于部落联盟的显贵家族圈。所以这正是原始社会全面崩溃的信号。通过这种方式当上首领的人物，有舜、禹。这种制度主要在黄河流域及中原地区推行。

【相关链接】

湘妃竹的传说

相传尧舜时代，湖南九嶷山的九座岩洞住着九条恶龙，经常到湘江来戏水玩乐，以致洪水暴涨，百姓遭殃。舜帝关心百姓的疾苦，他得知恶龙祸害百姓的消息后，决心为民除害，惩治恶龙。舜帝的两个妃子——娥皇和女英，是尧帝的两个女儿。她们虽然出身皇家，但是同样也关心百姓的疾苦，她们依依不舍地送舜帝上路。

舜帝走了，娥皇和女英在家等待着他征服恶龙、凯旋的喜讯，日夜为他祈祷，早日胜利归来。可是，年复一年，舜帝依然杳无音信。娥皇和女英担心舜帝，决定到南方湘江寻找丈夫。

她们跋山涉水终于来到了九嶷山，可是见到的却是舜帝的坟墓。当地的百姓告诉她们，舜帝为斩除恶龙，呕心沥血，病死在这里了。

娥皇和女英听罢，悲痛万分，一直哭了九天九夜。最后，哭出血泪来，也死在了舜帝的旁边。娥皇和女英的眼泪，洒在了九嶷山的竹子山，竹竿上便呈现出点点泪斑，有紫色的，有雪白的，还有血红的，这便是“湘妃竹”。

吊民伐罪，周发殷汤

【译文】

安抚百姓，讨伐暴君，有周武王姬发和商君成汤。

【注释】

①吊：慰问。

②伐：讨伐。

③周发：周武王姓姬名发，灭商纣王而建周朝。

④殷汤：商汤，灭夏桀王而建商朝。

【评解】

安抚苦难的百姓讨伐罪人商纣和夏桀的，是周朝的周武王姬发和商朝的开国君主成汤。“吊民”就是安抚、慰问无辜的苦难百姓。吊的本义是悼念死者，引申义是安抚活着的人。这个字的甲骨文形义是弓箭。因为远古人死而不葬，只是放在野地里用柴薪一盖，因怕禽兽来吃，所以送丧的亲友就要带弓箭，也是对死者家属的安慰。伐是讨伐，是上对下、有道对无道的一种暴力行为。讨伐罪恶的统治者，就是“伐罪”。

周武王姓姬，名字叫发，所以称周发。他讨伐暴君商纣，建立了周朝，是周朝的第一位君主。他的父亲姬昌是商朝的西伯侯，曾被商纣囚禁七年，并没有对商朝采取军事报复行动。姬昌著《易经》，揽人才，使他的属地周，国富兵强，为武王伐纣积累了本钱。周朝建立以后才被尊封为周文王。

殷汤说的是成汤，成汤姓子，名履，他讨伐夏朝暴君桀，建立了商朝。因为他是商朝的第一个君主，年号成汤，故此又被称作商汤。商汤建都亳（今河南商丘），在位 13 年。十代以后的商王盘庚迁都殷（今河南安阳），因此商朝的后期也称为殷商。这里不称商汤而称殷汤，有指整个商朝 600 年历史的意思。

【国学小百科】

《封神演义》

《封神演义》俗称《封神榜》，又名《商周列国全传》《武王伐纣外史》《封神传》，是我国古代的一部神魔鬼幻小说。

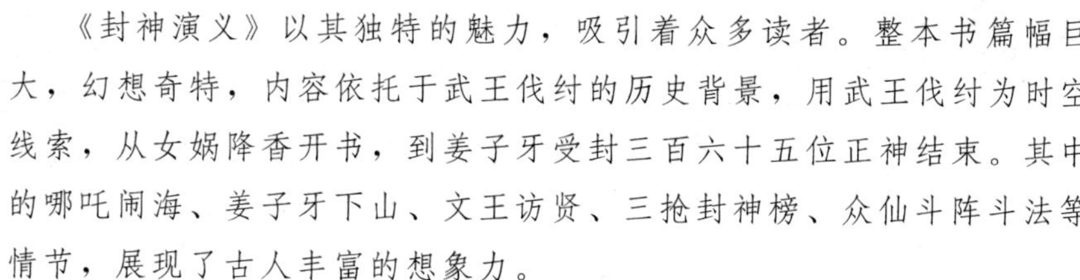

《封神演义》以其独特的魅力，吸引着众多读者。整本书篇幅巨大，幻想奇特，内容依托于武王伐纣的历史背景，用武王伐纣为时空线索，从女娲降香开书，到姜子牙受封三百六十五位正神结束。其中的哪吒闹海、姜子牙下山、文王访贤、三抢封神榜、众仙斗阵斗法等情节，展现了古人丰富的想象力。

这本书不仅在我国千百年来广受人们的喜爱，而且早在江户时代就传入日本，影响深远。

【相关链接】

武王伐纣

商朝最后一个国王叫纣，他是中国历史上和夏桀一样有名的暴君。他修筑豪华的宫殿园林，创制“炮烙之刑”，用严刑峻法镇压人民。商朝社会矛盾空前尖锐。

这个时候，活动在渭河流域的姬姓周部落逐渐强大起来。周武王继位后，在姜尚、周公旦的辅助下，国家兴盛。武王继承父亲文王的遗志，积极策划灭商。

当时，商纣王已感觉到周人对自己构成的严重威胁，决定对周用兵。然而这一拟定中的军事行动，却因东夷族的反叛而化为泡影。为平息东夷的反叛，纣王调动部队倾全力进攻东夷，因此国内军事力量空虚。而此时商朝统治集团内部的矛盾也呈现白炽化，商纣饰过拒谏，肆意胡为，残杀王族重臣比干，囚禁箕子，逼走微子。

周武王遂把握这一有利战机，联合各个部落，率领兵车 300 辆，虎贲（卫军）3000 人，士卒 4.5 万人，进军到距离商纣王所居的朝歌只有 70 里的牧野（今河南淇县西南），举行了誓师大会，列数纣王罪状，鼓励军队同纣王决战。经过牧野之战，商军纷纷倒戈，引导周军攻入商都。商纣自焚，商朝灭亡。

坐朝问道，垂拱平章

【译文】

贤君身坐朝廷，探讨治国之道，垂衣拱手，和大臣共商国是。

【注释】

①朝：朝廷。

②道：治国之道。

③垂拱：垂衣拱手。

④平：治理。

⑤章：通“彰”，显著。

【评解】

这两句描述古代君臣探讨治国之道的情景。

“坐朝问道”是秦始皇开始的规矩，君臣都是坐着，共商国是。到了宋太祖赵匡胤时，大臣上朝都改为站着，没座位。《千字文》成书于南北朝时期，君臣上殿临朝之礼还是沿用秦汉之制，所以称为“坐朝问道”。

“垂拱平章”语出《书经·武成书》里“纯信明义，崇德报功，垂拱而天下治”一句。垂是垂挂，把上衣挂起来就叫垂衣。拱手是行个拱手礼，表示不做什么事、不用花什么气力就天下太平，无为而治了。平的意思是公平正直，章通“彰”，有彰明、显著、鲜明的意思。平章是平正彰明。“垂拱平章”的意思就是垂衣拱手，天下太平。

【国学小百科】

儒家经典——《尚书》

《尚书》原称《书》，到了汉朝才改称《尚书》，“尚书”二字是上代之书的意思。

《尚书》第一次对我国上古历史文件和部分追述古代事迹著作做了汇编，保存了商周特别是西周初期的一些重要史料。

相传，《尚书》是孔子所编撰的，又经后世儒家做了补充。西汉初，《尚书》仅存有28篇，因用汉代通行的文字隶书抄写，故称《今文尚书》。相传，汉武帝时期，在孔子住宅壁中又发现了《古文尚书》。

《尚书》的影响深远，在文学上，它是我国古代散文形成的标志；在历史上，它成为研究我国上古历史和商周史实的关键资料。

【相关链接】

谏臣魏征

在我国古代封建社会中，魏征与唐太宗李世民是一对罕见的君臣：魏征敢于直谏，丝毫不给唐太宗留情面，而唐太宗竟能容忍魏征“犯上”，所进之言多被采纳。因此，他们被称作理想的君臣。有关魏征进谏还有一则小故事。

谏臣魏征

一天，唐太宗得到一只鹞子，这只鹞子雄健俊逸，唐太宗十分喜爱。他让鹞子在自己的手臂上跳来跳去，赏玩得高兴时，魏征进宫来了。唐太宗恐魏征对此又要长篇大论一番，可是又回避不及，只好赶紧把鹞子藏到自己宽大的衣袖里了。其实，这一切早被魏征看在眼里，但是魏征不动声色，只在禀报公事时故意喋喋不休，拖延时间。唐太宗害怕鹞子在袖子里憋死，可是又不敢拿出鹞子，结果鹞子被活活憋死了。

爱育黎首，臣伏戎羌

【译文】

他们爱抚、体恤老百姓，四方各族人都归附向往。

【注释】

①黎首：百姓。
②臣伏：俯首称臣。
③戎羌：指少数民族。

【评解】

黎首代表黎民百姓。黎是形声字，文义从黍，有众多、数目很多的意思。爱是爱护、珍惜；育是抚育、养育。臣是臣服、接受的意思。伏是低头、顺从。

戎羌代表了四方的少数民族，是“南蛮北狄，西戎东夷”的简称。西戎在今天的甘肃、青海、四川一带，以游牧生活为主。周朝中叶，西戎入侵中原，当时的西戎被称作犬戎，曾迫使周平王向东迁都洛阳，由此开始了东周的历史。羌族也是西部的少数民族之一，后来与汉族融合，定居务农，属于中国 56 个民族中的一员。

【国学小百科】

古代对少数民族的称呼

在古代，随着朝代更迭，少数民族的称呼也几经变化，主要有以下几种：

靺鞨：源于秦以前的肃慎，分布在松花江、牡丹江流域及黑龙江中下游，东至日本海，五代时称女真。10世纪初分布于松花江、黑龙江下流，东临海，南接高丽。明代分为建州女真、海西女真和野人女真三部，为满族的主要组成部分。

狄：春秋以前分布于黄河流域中下游及北部地区，泛称北狄。公元前7世纪时，分为赤狄、白狄、长狄三部分。秦汉后，“狄”“北狄”成为中原人对北方各族的泛称。

匈奴：亦称胡。战国时期游牧于黄河河套地区和阴山一带。公元前3世纪曾占领从里海到长城的广大地域，并统治蒙古的大部。公元48年分裂为南、北两部。

胡：我国古代对北部、西部各族的泛称。战国后期，称匈奴为胡；位于匈奴东部的游牧民族称东胡；位于匈奴西部的西域各族称西胡。

鲜卑：东胡族的一支。最初分布在鲜卑山，西汉初期南迁到今西喇木伦河流域。两晋南北朝时，慕容、宇文、拓跋等部先后在今华北、西北建立政权。

【相关链接】

胡服骑射

赵武灵王是战国时期赵国的一位贤明国君。他即位的时候，赵国正处在国势衰落时期。赵国地处北边，经常与林胡、楼烦、东胡等北方游牧民族接触。赵武灵王看到胡人在军事服饰方面有一些特别的长处：穿窄袖短袄，生活起居和狩猎作战都比较方便；作战时用骑兵、弓箭，与中原的兵车、长矛相比，具有更大的灵活机动性。

为了富国强兵，赵武灵王提出“着胡服”“习骑射”的主张，决心取胡人之长补中原之短，可是遭到许多皇亲国戚的反对。赵武灵王抱着以胡制胡，将西北少数民族纳入赵国版图的决心，毅然发布了“胡服骑射”的政令。

为此，他力排众议，带头穿胡服，习骑马，练射箭，亲自训练士兵，使赵国军事力量日益强大，从而西退胡人，北灭中山国，成为

“战国七雄”之一。“胡服骑射”这个典故告诉人们不要故步自封，应学习别人的长处，勇于改革。

遐迩一体，率宾归王

【译文】

远远近近都统一在一起，全都心甘情愿臣服贤君。

【注释】

①遐迩：指远近。

【评解】

普天之下都统一成一个整体，所有百姓都归顺于天子的统治。遐是远，迩是近。天下一统，万民同心就是“遐迩一体”。

“率宾”等同于“率滨”，是四海之内的意思。“率宾归王”一句的语义，出自《诗经·小雅·北山》，上有“普天之下，莫非王土；率土之滨，莫非王臣”的诗句。

“王”指“王道”。中国传统的政治制度，历来就有“王道”与“霸道”之别。王道指的是先王之道，即夏商周三王的统治方法。三王的统治用的是仁义道德，其结果就是无为而治，天下太平，这种政治体制是王道。

历史走到东周时期，就有了著名的“春秋五霸”：齐桓公、晋文公、宋襄公、秦穆公和楚庄王。他们推崇和实行的是霸道，依靠实力形成威慑力量。

【国学小百科】

孟子的“仁政”思想

孟子政治思想的核心是“仁政”。“仁政”学说是对孔子“仁学”思想的继承和发展。孔子的“仁”最基本的精神就是“爱人”，是一种含义广泛的道德伦理观念。孟子把“仁”扩充发展成包括思想、政治、经济、文化等各个方面的施政纲领，就是“仁政”。

“仁政”的基本精神也是对人民有深切的同情和爱心，这来源于孔子的“爱人”思想。孟子的最大创新在于提倡“以民为本”的政治。“民为贵，社稷次之，君为轻”，孟子认为，对一个国家来说，人民是最重要的。

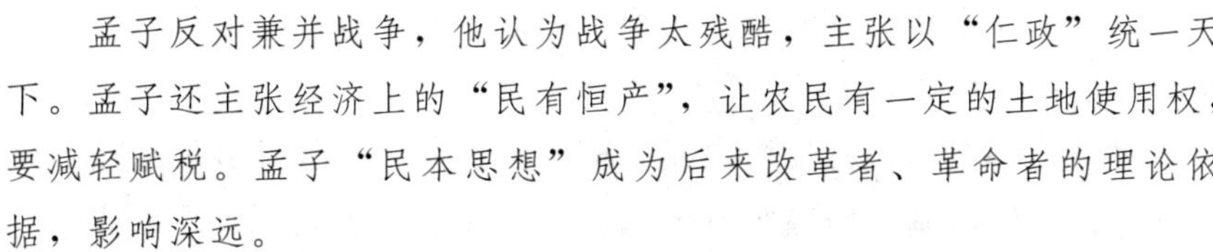

孟子反对兼并战争，他认为战争太残酷，主张以“仁政”统一天下。孟子还主张经济上的“民有恒产”，让农民有一定的土地使用权，要减轻赋税。孟子“民本思想”成为后来改革者、革命者的理论依据，影响深远。

【相关链接】

苛政猛于虎

一日，孔子赶路，途经泰山脚下，见有一个妇人在坟墓前哭得十分忧伤。孔子从车上起身，下车，询问那个妇人。孔子说：“你哭得那么伤心，好像有很伤心的事。”那个妇人说：“我的公公被老虎吃了，我的丈夫也被老虎吃了，现在我的儿子也被老虎吃了。”孔子问：“那为什么不离开这里呢？”妇人回答说：“这里虽然有猛虎出没，但是没有苛捐杂税啊！”孔子听完，对天长叹一声，转身对随从的学生们说：“你们要记住啊！苛刻的暴政比老虎还要凶猛可怕。”

鸣凤在竹，白驹食场

【译文】

凤凰在竹林中欢鸣，白马在草场上觅食，国泰民安，处处吉祥。

【注释】

①驹：小马。

【评解】

传说，凤凰非竹不食，非梧桐不栖。凤凰中雄性的叫凤，雌性的叫凰，古有三凤求凰的典故。

白驹是小白马，古代用白驹为典的很多，庄子也有白驹过隙的典故。为什么用白驹，用黑驹不行吗？白驹在此代表龙。龙是水陆空三栖动物，空中是飞龙，水中是游龙，在陆地上就不是龙的形象。传说中的龙上岸以后，就地一滚变成白龙马。《三国》里赵子龙骑的是闪电白龙驹，在《西游记》里，唐僧骑的白龙马不也是东海小龙王变的吗？

"白驹食场"一句也是引经，《诗经·小雅·白驹》里有"皎皎白驹，食我场苗，执之维之，以永今朝"的诗句。

【国学小百科】

路不拾遗的由来

我们知道"路不拾遗"指掉在路上的东西没人拣走，形容社会风气好。

据晋张昭远、贾纬等编写的《旧唐书》记载，唐朝的时候，有一个做买卖的人途经武阳（今河北大名、馆陶一带），不小心把一件心爱的衣服丢了。他走了几十里后才发觉，心中很着急，有人劝慰他说："不要紧，我们武阳境内路不拾遗，你回去找找看，一定可以找得到。"

那人听了半信半疑，心里想：这可能吗？转而又一想，找找也无妨。于是赶了回去，果然找到了他丢失的衣服。后来，这件事越传越广，"路不拾遗"也成为一个成语。

【相关链接】

凤凰涅槃

传说在遥远的天方国，住着一对神鸟，雄鸟为凤，雌鸟为凰。凤凰老的时候，如果羽毛掉不干净，就无法自由飞翔，而每次换羽毛，都要将全身羽毛拔光，再等新的羽毛长出来，这段时间是无法飞，也没有吃的，非常痛苦。

凤凰涅槃

这两只鸟在满五百岁后做出了一个惊人的决定——浴火重生。它们采集香木自焚，然后从死灰中重生，从此羽毛鲜美异常，声音高亢有力，而且长生不死。

后来，人们就用"凤凰涅槃"比喻美好的未来是要通过自己不断地吃苦，不断地磨炼才会得到。

化被草木，赖及万方

【译文】

贤君的教化覆盖大自然的一草一木，恩泽遍及天下百姓。

【注释】

①化：仁德教化。
②被：通“披”，覆盖。
③赖：依赖。
④万方：天下。

【评解】

圣君贤王的仁德使草木都受到恩德，恩泽遍布天下。这里的草木以及上文提到的鸣凤与白驹，代表了那个以道德仁义为教化的太平盛世，它具体表现在，有德君主的教化覆盖了大自然的一草一木。

化是教化，被是施加、覆盖的意思。化字在六书中属于会意，甲骨文字形是二个人相靠背之形，本义是变化、改变的意思。

“赖及万方”的赖字，是幸蒙、依赖的意思。万方不仅仅指人，泛指一切众生。

【国学小百科】

举孝廉

汉武帝即位后，为加强汉朝的专制统治，建立了新的选官制度，其中之一就是察举，也就是由下而上进行考察和推举人才为官，即由公卿、列侯、郡国宰相等经过考察后向朝廷推荐。

察举制的科目之一就是孝廉。孝廉是孝顺父母、办事廉正的意思。以后郡国每年都要向上推举孝廉。东汉顺帝时，对孝廉也进行考试：“诸生试家法，文吏课笺奏”。这是科举制度的萌芽。应举者大多授予不同的官职。有的先授郎官，然后再调补他职。

实际上察举多为世族大家垄断，互相吹捧，弄虚作假，当时有童谣讽刺：“举秀才，不知书；举孝廉，父别居。”

【相关链接】

网开一面

成语“网开一面”比喻对罪犯从宽处理，给罪犯一条改过自新的出路。关于这个成语的由来还有一个小故事。

夏朝最后一个君主夏桀荒淫无道，引起百姓的不满和怨恨。此时，商日益强大起来，首领商汤就想争取民心，推翻夏桀的统治。一日，商汤在野外散步时，看到一个人四面张网捕鸟。商汤对捕鸟人说：“这样太残忍了，鸟儿恐怕要被你捕光了。”说罢，商汤拆掉了三面的网。

诸侯们听说此事，纷纷感叹说：“商汤果然是一位好君王，他对飞禽尚且如此仁慈，更何况对人了！”很快四十个氏族部落先后归顺于他。最终，商汤灭掉了夏朝。

盖此身发，四大五常

【译文】

人的身体发肤分属于“四大”，一言一行都要符合“五常”。

【注释】

①盖：发语词，没有实在意义。
②四大：指地、水、火、风。
③五常：指仁、义、理、智、信。

【评解】

古人认为，人的生命体是由两部分组成的，一部分是物质的“四大”，一部分是精神的“五常”。身体发肤是由地、水、火、风四种物质组成的，称为“四大”。行为以仁、义、礼、智、信为准则，称为

“五常”。

此处的“身发”指代我们的肉身。

五常是人的性德，人性中含有五常之德，就是“仁义礼智信”。五常之德是天德，这是天赋予人的天性。这里的天，指的是宇宙中那股冥冥中无法抗拒的力量，这种支配力量被称为天。常是恒常、永远存在、不能改变的意思。

【国学小百科】

五常之德

五常之德是指仁、义、礼、智、信五种品德，是我国古代所推崇的做人的五项最高标准。古语云“地之五行，天之五常”。五常之德的根本是仁德，有仁才有“义礼智信”的四德。仁是五德之首，是孔子学说的核心。孔子说“仁者爱人”，这是孔子一生追求的根本。

“义”是孟子学说的核心，也是孟子一生追求的目标。孔子说“杀身成仁”，孟子说“舍生取义”。“礼”是说做人要做君子，彬彬有礼，遵守礼节，不卑不亢。“智”是说做人要有智慧，这里的智慧并不是现在所说的头脑聪明的意思，而是说做人要有自己的原则，有操守，不苟且偷生。古人说“君子竹，大夫松”，是说做人应该有所守而不变，这就是信德。做人要有操守，有气节，保持自己的尊严。

【相关链接】

商鞅立木为信

春秋战国时期，商鞅在秦孝公的支持下主持变法。当时战祸频繁，人心向背，社会风气每况愈下。为了树立威信，推进改革，商鞅下令在都城南门外立一根三丈长的木头，并贴出告示说：把此木搬到北门者赏金十两。围观的人议论纷纷，但是不相信有如此轻而易举就能得到十两黄金赏赐的事，结果没人肯出手一试。

于是，商鞅将赏金提高到五十两。人群中终于有人站了出来，轻松地将木头扛到了北门。商鞅立即赏了他五十两黄金。商鞅这一举动，在百姓心中树立起了威信，百姓对朝廷颁布的法令有了信心，商鞅趁热打铁实施变法，很快就在全国推广开来。

恭惟鞠养，岂敢毁伤

【译文】

恭蒙父母亲生养爱护，不可有一丝一毫地毁坏损伤。

【注释】

①恭：恭敬、谦逊。
②惟：顺服的意思。
③鞠、养：都是抚育、长养的意思。

【评解】

这句话出自孔子讲的《孝经》。孔子在《孝经》中开篇就说："身体发肤，受之父母，不敢毁伤。"我们这个身体是受父母遗传而来的，等于是上天和父母借给我们用的，使用完毕以后还要归还的。所以我们对自己这个身体，只有使用权没有所有权，如果能够所有，谁还愿意生老病死呢？向别人借来用的东西，一定要妥善保管，弄坏了就没有办法还了，所以这里才说"恭惟鞠养，岂敢毁伤"。

【国学小百科】

古代的孝道

孝是中华民族的传统美德。在几千年的发展中，孝被赋予了丰富的内涵。孝的基本含义是善待父母。《尔雅·释训》有："善父母为孝。"许慎在《说文解字》中说"孝，善待父母也，从老省，从子，子承父也。"从这两句来看，孝是一种源于血缘关系的子辈对父辈的敬爱侍奉。子女要做到"故亲生膝下，养父母曰严"，就是说在父母生病时要尽心侍奉；在父母年老时要尽力赡养；在父母去世后要妥善安葬。

孔子在《论语·为政》中也说“今之孝者，是谓能养，至于犬马皆能有养，不敬，何以别乎?”孝，作为一种家庭的伦理道德，与古代家族体系的宗法制社会相结合，形成了独具特色的孝道。

从西周开始，孝就成了一种政治化的伦理，成为一种社会规范。古代就有“举孝廉”，就是根据孝道来选拔人才的一种制度，可见，古人十分推崇孝道。

【相关链接】

孝子黄香

东汉人黄香，少年时博通经典，文采飞扬，京师广泛流传“天下无双，江夏黄童”的美言。黄香九岁的时候，母亲染病身亡。黄香日夜思念母亲，形容日见憔悴。

非但如此，黄香还恭敬地侍奉体弱的父亲，极尽孝道，天天给父亲做饭、洗衣，千方百计让父亲吃好穿暖。酷暑天气格外炎热，为了能让父亲睡个安稳觉，每次父亲睡觉前，小黄香都用扇子为父亲将枕席扇凉；寒冷的冬天，他总是先钻进被窝，用自己的身体给父亲暖热被褥，然后才让父亲上床歇息。太守刘护得知他的孝行，非常惊讶，对他进行了表彰。

女慕贞洁，男效才良

【译文】

女子要思慕那些为人称道的贞妇洁女，男子要效法有德有才的贤人。

【注释】

①慕：仰慕。

②效：仿效。

【评解】

女子要仰慕贞节，保持纯洁，男子要仿效那些有才能有道德的贤人。

“贞”字的本义是正，甲骨文形从卜从贝，是最古老的占卜用语。上古卜卦，问事之正不正，就曰问贞。后世假借为端方、正直的意思，形容一个人的意志操守坚定不移。《易经》中称“元亨利贞”，为乾之四德。“洁”是干净、没有污染的意思。

“女慕贞洁”是说女子应该追求的是保持自己内心方正的品性和外在洁净的品行。“才”指人有能力、有才智，有才的人是才子。“良”是指一个人有德，有良心、有德行才叫良。男子应效法德才兼备的贤人。

【国学小百科】

古代的贞操观

总体来说，宋朝是我国古代对待妇女贞操观念的一个分水岭。宋代之前，一些统治者也倡导妇女守节的观念。秦始皇就曾在泰山、会稽等地刻石提倡贞节，并且为褒奖守节的寡妇，修筑怀清台，以劝导贞节。西汉宣帝也效法秦始皇，曾下诏赏赐贞妇帛锦。东汉安帝也曾下诏赐予贞妇十斛谷，还立匾表彰。

在宋代之前，对妇女的贞节观念还是较为宽泛的，寡妇再嫁决不会被视为不符合礼教的规范而严加指责或禁止。《孔雀东南飞》中焦仲卿之妻刘兰芝被婆家休回后，太守之子登门求亲。三国才女蔡文姬曾先后嫁过三次，也并没有被人轻视。

到了宋代，程朱理学兴起，人们关于妇女贞洁的观念愈演愈烈。妇女成了丈夫的附庸品，丈夫有休妻的自由，妇女的一切言行举止、服饰装扮都要以男子好恶为准，以博得丈夫的欢心。妇女被休是一种奇耻大辱，当然，更不可能有再嫁之说。夫死守节也成为妇女应尽的义务。

【相关链接】

孟姜女哭长城

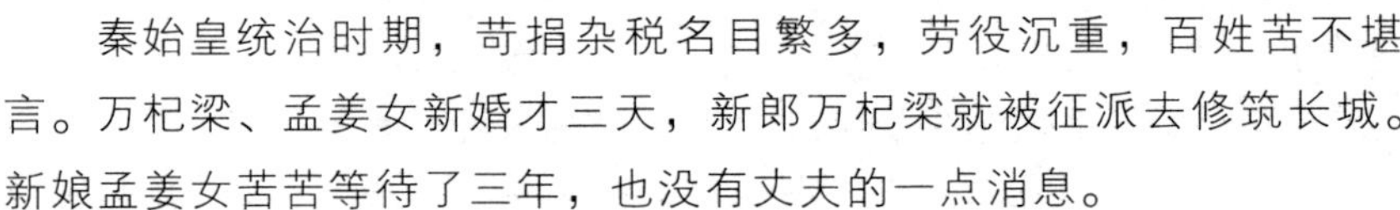

秦始皇统治时期，苛捐杂税名目繁多，劳役沉重，百姓苦不堪言。万杞梁、孟姜女新婚才三天，新郎万杞梁就被征派去修筑长城。新娘孟姜女苦苦等待了三年，也没有丈夫的一点消息。

孟姜女就决定去寻找丈夫。她历尽艰辛，万里迢迢来到长城边，却被告知万杞梁已经死了，尸骨被填进了城墙里。听到这个令人心碎的消息，孟姜女伤心地痛哭起来，只哭得天愁地惨，日月无光。不知哭了多久，忽听得天摇地动般的一声巨响，长城崩塌了几十里，露出了数不清的尸骨。

秦始皇听说孟姜女哭倒了长城，大怒，决定治孟姜女死罪。但是看到孟姜女后，秦始皇顿时被她的美貌所打动，想纳她为妃子。孟姜女假意答应了，但要求秦始皇请和尚给万杞梁念四十九天经，然后把他好好地埋葬，秦始皇还要亲自率文武大臣哭祭万杞梁。埋葬万杞梁后，孟姜女要求去游湖。在船上，孟姜女把秦始皇痛骂了一顿，然后纵身跳进了湖中。

知过必改，得能莫忘

【译文】

知道自己有过错，一定要改正，适合自己干的事，不要放弃。

【注释】

①得能：学到了某种知识技能。

【评解】

"知过必改"语出《论语》。孔子在《论语·述而篇》中说："德之不修，学之不讲，闻义不能徒，不善不能改，是吾忧也"，意思是说，一个国家、一个社会在动荡的时候，有四件事是最让人担忧的。第一是人不讲品德的修养，也就是不积德；第二是人人浮躁，不肯老老实实地做学问；第三是明明知道应该做的事却不肯去做；第四就是自己的毛病、缺点总也改正不了，这是孔子每天都在担忧的。

"得"与"德"二字通假，"得能莫忘"有两重含义，一是从他人之处有所得、有所能，也就是别人教会我们的东西，使得我们有所得、有所能，我们不能忘，这也是知恩必报的意思。二是我们自己于修心、修身上有所得、有所能，莫忘。

【国学小百科】

古人看待错误的积极态度

古人云："人非圣贤，孰能无过"，"知错能改，善莫大焉"。可见，古人对待错误的态度十分积极，并不忌讳犯错，知错能改就好。懂得"往者不可谏，来者犹可追"的道理，能够认识到过去虽有错误，只要能坚定不移地改正过来，使自己的言行均符合法制与社会文明之要求，就会成为有道德、有修养的人。

【相关链接】

周处除害

周处年轻时，为人蛮横强悍，刁蛮任性，在义兴一带是有名的祸害。义兴的百姓把他和河中的蛟龙、山上的白额虎并称"三害"。有人劝说周处去杀死猛虎和蛟龙，实际是希望三败俱伤。周处立马跑去杀死了老虎，又下河同蛟龙搏斗了三天三夜。当地的百姓们都认为周处已经死了，敲锣打鼓表示庆贺。

结果周处杀死了蛟龙从水中出来了。他听说乡里人以为自己已死而对此庆贺的事情，才知道大家实际上也把自己当作一大祸害，因此，有了悔改的心意。他把全部情况告诉了吴郡名人陆云，并表示了自己的悔意，担心为时太晚。陆云说："古人珍视道义，认为'哪怕是早晨明白了道理，晚上就死去也甘心'，况且你的前途还是有希望的。再说人就怕立不下志向，只要能立志，又何必担忧好名声不能传扬呢？"周处听后就改过自新，终于成为一名忠臣。

罔谈彼短，靡恃己长

【译文】

不要去谈论别人的短处，也不要依仗自己有长处就不思进取。

【注释】

①罔：无，不，没有。
②靡：无，不，没有。
③恃：依靠。

【评解】

不要妄谈别人的短处，不要矜夸自己的长处。"罔"和"靡"的词性相近，都是表示禁止、劝阻的否定性动词，相当于别、不要的意思。"靡"字的本义是无、没有。

这两句话里强调了两个不要：第一不要谈论别人的缺点和短处；第二不要依仗自己的长处而骄傲自大。

正所谓"满招损，谦受益"，喜欢称赞自己长处的人功名很难有所成就，因为"满招损"是天理。喜欢谈论别人缺点的人，一生中的障碍很多，自己的身家性命也很容易受伤害，因为自己削了自己的福报。

【国学小百科】

古代科举制度

我国古代的科举制度始于隋朝，历经唐、宋、明、清，共有一千多年的历史。科举是封建社会知识分子跻身仕途的重要途径。

从童生到状元一般须经五个阶段：童试、院试、乡试、会试、殿试。会试后取得贡生资格的人参加殿试，会试后同年四月二十一日，在京城保和殿参加考试，由皇帝主持考试（或钦命大臣代理主持），殿试合格者称为“进士”。明清时将进士分为三甲。一甲三名，赐进士及第，第一名称状元，第二名称榜眼，第三名称探花；二甲若干名，赐进士出身，二甲第一名称传胪；三甲若干名，赐同进士出身，统称进士。进士及第后可授翰林院修撰、编修及主事、中书、知县等职。

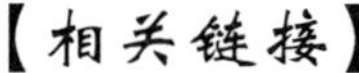

【相关链接】

杨修之死

杨修是三国时期曹操的门臣，他才思敏捷，聪颖过人，得到曹操的赏识器重，官任主簿。曹操命人修建花园。建好之后，曹操亲自去观赏，什么也没说，只在花园的门上写下一个“活”字，大家都不知道是什么意思。杨修说：“‘门’中添一‘活’，是‘阔’字。这是丞相嫌门太宽了。”于是命人改造。曹操听说了这件事，心中不免对杨修产生了猜忌。

杨修之死

有人送了曹操一盒酥，曹操十分喜爱，随手在盒子上写下“一盒酥”三个字。杨修看到后，就与众人分着吃掉了这盒酥。曹操知道后，对杨修更加不满。杨修向曹操状告曹丕密请吴质入内府商议，图谋不轨，结果反被吴质用计陷害，曹操认为杨修是在陷害曹丕，对他的不满更深了。最终，曹操以“鸡肋事件”为借口，斩杀了杨修。

信使可覆，器欲难量

【译文】

诚实的话要能经受时间的考验；气度要大，让人难以估量。

【注释】

①信：说话诚实守信用。
②覆：验证，审察，核实。
③器欲：气度、气量。

【评解】

说过的话要兑现，要能经得住反复考验。“信使可覆”这句话，出自《论语·学而篇》。“有子曰：信近于义，言可覆也。”孔子的学生有子说，信与义是一样的，都是说一个人立定的志向、发过的誓愿要经得住检验，要能够兑现。人的毛病之一，就是“常立志”与“常后悔”交替进行。说过的话、答应别人的事忘了，不兑现。信是五德之一，称为信德。

一个人做人处事，心胸器量要大，大到让人难以估量才好。心小量窄的结果，必然是嫉贤妒能，这样的人不但薄福，而且下场很不好。一个人能否担当重任、成其大事，首先要看心量。心大意大，天地给你的舞台就大，你就能“心包太虚，量周沙界”。

【国学小百科】

认识《论语》

《论语》是记录孔子及其弟子言行的一部书集，成书于战国时期。《论语》作为孔子及门人的言行集，内容十分广泛，多半涉及人类社会生活问题，对中华民族的心理素质及道德行为起到过重大影响。直到近代新文化运动之前，约在两千多年的历史中，一直是中国人的初学必读之书。

五四运动以后，《论语》作为封建文化的象征被列为批判否定的对象，之后虽有新儒学的研究与萌生，但在中国民主革命的大背景下，儒家文化在中国并未形成新的气候。

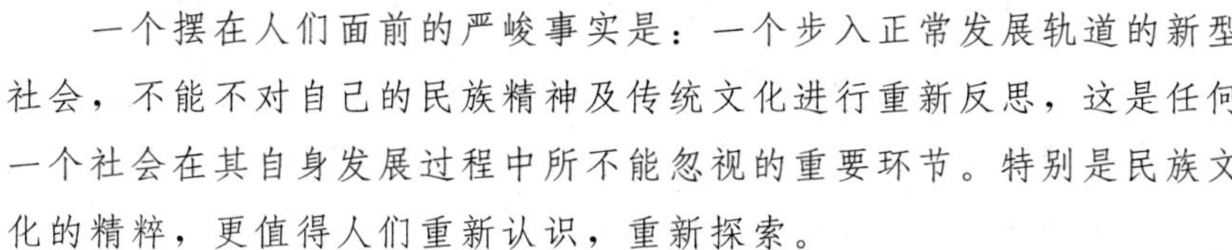

一个摆在人们面前的严峻事实是：一个步入正常发展轨道的新型社会，不能不对自己的民族精神及传统文化进行重新反思，这是任何一个社会在其自身发展过程中所不能忽视的重要环节。特别是民族文化的精粹，更值得人们重新认识，重新探索。

【相关链接】

一诺千金

秦末有个叫季布的人，他为人耿直，讲信用，人们都很尊敬他。当时流传着这样的谚语："得黄金百斤，不如得季布一诺。"这就是成语"一诺千金"的出处。

后来，季布得罪了汉高祖刘邦，被悬赏捉拿。结果他旧日的朋友不仅不被重金所惑，而且冒着灭九族的危险来保护他，才使他免遭祸殃。

一个人诚实有信，自然得道多助，能获得大家的尊重和友谊。反过来，如果贪图一时的安逸或小便宜，而失信于朋友，表面上是得到了"实惠"。但为了这点小便宜他毁了自己的声誉，而声誉相比于物质是重要得多的。所以，失信于朋友，无异于丢了西瓜捡芝麻，得不偿失。

墨悲丝染，诗赞羔羊

【译文】

墨子为白丝染色不褪而悲泣，《诗经》中因此有“羔羊”篇传扬。

【注释】

①墨：墨子。

②诗：指《诗经》。

【评解】

《墨子》一书中记载了“墨悲丝染”的故事。有一次，墨子路过染坊，看到雪白的生丝在各色染缸里被染了各种颜色。无论怎样漂洗，也无法再将染丝恢复生丝的本色了。墨子悲泣地说：“染于苍则苍，染于黄则黄，不可不慎也。”

这个故事暗喻了人的本性像生丝一样洁白，一旦受到污染被染了色，再想恢复本性的质朴纯洁，已经不可能了。

《诗经·风·召南》里面有“羔羊”一篇，赞美了小羊羔毛皮的洁白。意思与墨子说得差不多，也是感叹人的本性像羔羊的皮毛一样洁白柔软，人应该永远保持这种纯善的、没有污染的本性才好。

【国学小百科】

花中四君子

在我国，人们历来崇尚自然和人的和谐之美，从古至今把自然之美和人的道德情操联系在一起，更是把梅兰竹菊并称“花中四君子”。

中国传统文化中，梅兰竹菊常被文人高士用来表现清高拔俗的情趣、正直的气节、虚心的品质和纯洁的思想感情，因此，在众花木中脱颖而出，有“君子”之称。

梅花耐寒，花开得特别早，在冬季、早春即可怒放，它历来与松、竹一起被称为“岁寒三友”。兰花生在空谷，不求闻达，有一种幽芳高洁的情操，与文人的精神不谋而合，因而很受热爱。竹挺拔俊俏，傲视群资，积极向上。菊花孤芳自傲，不畏风霜，富丽堂皇。

梅兰竹菊，不但本身富有美感，而且可以令人联想起优良的品格，既便于文人们充分发挥笔墨情趣，又便于文人们借物寓意，抒发情感。

【相关链接】

郑板桥画竹

郑板桥是清代著名的画家、文学家，名燮，字克柔，号板桥，江苏兴化人。曾是康熙时期的秀才、雍正时代举人和乾隆时的进士。郑板桥是“扬州八怪”之一，他的诗、书、画，人称“三绝”。郑板桥一生，以写画竹最为著名。郑板桥曾担任过县令，而他描写竹子的名诗“咬定青山不放松，立身原在破岩中；千磨万劫还坚劲，任尔东南西北风”，生动写照了自己“清为官，勤为民”的高亮志向。

郑板桥画竹多为写意之作，一气呵成，有自然界的真实感，又有画家的思想内涵，有真有意，心中有竹，才能把竹给画活了。他画的竹清秀、自然，如风中竹，雨中竹，极富有变化，他抓住了自然界的规律，通过去粗取精，简练概括，创造出竹的动感和生命力。

郑板桥画竹

景行维贤，克念作圣

【译文】

高尚的德行只能在贤人那里看到；要克制私欲，努力仿效圣人。

【注释】

①景：仰慕。
②行：行为。
③维：通“惟”，只。
④克：克制。
⑤念：私欲。

【评解】

“景行”是指崇高光明的德行，景字的本义是日照高山，有高大、光明的意思。德行正大光明才能成为贤人，贤人是人群的榜样，做人的标准。战胜自己为贤，再能成就他人方为圣。

《诗经·小雅·车辖》一篇中有诗句“高山仰止，景行行止”。说的是贤德之人，德如高山人人敬仰，行如大道人人向往。《尚书》里面有“惟狂克念作圣，惟圣妄念成狂”一句话。庄子用“野马”来形容人狂奔不已的念头和思想，这里的“狂”字就代表了我们凡夫俗子。人如果能够克制住自己狂乱的思想和私心杂念，凡夫就能变成圣人。同理，放纵自己的心念，圣人也会退化为凡夫。

【国学小百科】

圣贤颜回

颜回，字子渊，世人也称其颜渊、颜子，春秋末鲁国人。鲁哀公十四年，颜回不幸早逝。由于家境困难，经他的父亲颜路四处筹措，并在其弟子及同门好友的帮助下，才勉强完成了葬礼。

颜回是孔子最得意的弟子，他毕生致力于学习和弘扬孔子所创立的儒家学说，殚精竭思，倾注全部心血。《论语·雍也》记载颜回："一箪食，一瓢饮，在陋巷，人不堪其忧，回也不改其乐。"颜回为人谦逊好学，"不迁怒，不贰过。"他尊师重道，对孔子"无事不从，无言不悦"。孔子非常喜欢他，称赞说："贤哉回也！回也，其心三月不违反。"

圣贤颜回

自汉代起，颜回被列为七十二贤之首。此后历代统治者不断追加谥号：唐太宗尊之为"先师"，唐玄宗尊之为"兖公"，宋真宗加封为"兖国公"，元文宗又尊为"兖国复圣公"。明嘉靖九年改称"复圣"。在山东曲阜还建有纪念他的"复圣庙"。

【相关链接】

两小儿辩日

孔子周游各地，一天在游历途中看见两个小孩在争论。孔子好奇，就问他们在辩论什么。一个小孩说："我认为太阳刚出来时距离人近，而正午时距离人远。"另一个小孩却认为太阳刚出来时离人远，而正午时离人近。

第一个小孩反驳道："太阳刚出来时大得像车上的篷盖，等到正午时就像盘子碗口那样小，这不正是远的看起来小而近的看起来大

两小儿辩日

吗？”另一个小孩说：“太阳刚出来时天气清凉，等到正午时天气就变得炎热难耐，这不正是近的就觉得热，远的就觉得凉吗？”孔子听了，不能判断谁是谁非。两个小孩嘲笑说：“谁敢说你知道的就比我们多呢？”

德建名立，形端表正

【译文】

养成了好的道德，就会有好的名声；就像形体端庄，仪表也随之肃穆一样。

【注释】

①表正：外表端正。

【评解】

德行建立了名声自然就树立起来了，气质端正了外表自然就会端正。“德”是因，“名”是果，德建才能名立，因好果必好，这是自然的道理。有了德才能童叟无欺，有了信才能货真价实，这样做贸易不想发财都不可能。这就是孔子在《易经·系辞》中说的：“善不积不足以成名，恶不积不足以灭身。”

“形”指的是人的整体形态，身心两部分都包括在内。心正才能身正，身正了仪表容貌自然端正。人的形体健美、容貌姣好的根本在于心地，整容化妆是没有用的，起码不能长久。所以善良之心能将人变丑为美，歹毒之心会使人面目狰狞。

【国学小百科】

古人的忠孝观念

忠孝是夹在中华民族史册上的一枚书签，从魏晋南北朝的“以孝治国”，到岳武穆的“精忠报国”，忠和孝一直是中国文化的两大支柱，中华文明的光辉之所在。

古人崇尚忠孝，讴歌礼赞，他们眼里，只有对国家尽忠，对父母尽孝，才是无愧于心的人，才是顶天立地的人。忠孝，是中华民族的传统美德，也是我们炎黄子孙应当恪守的道德规范。忠，中下从心，“内尽其心而不欺也”，集忠于祖国、忠于人民、忠于职守、忠厚处世、忠诚待人于一体。孝，老从子、子承老，取奉老、养老、善事父母之意。

古人曰：“孝，天之经，地之义，民之行。”在古代，上至达官贵人，下至市井平民，都会将“忠孝”二字铭记心头，所以才会流传下来许多如苏武牧羊、岳母刺字、卧冰淘鱼等可歌可泣的故事。

【相关链接】

曾子避席

曾子是孔子的弟子。有一次他在孔子身边侍坐，孔子就问他：“以前的圣贤之王有至高无上的德行，精要奥妙的理论，用来教导天下之人，人们就能和睦相处，君王和臣下之间也没有不满，你知道它们是什么吗?”曾子听了，明白老师孔子是要指点他最深刻的道理，于是立刻从坐着的席子上站起来，走到席子外面，恭恭敬敬地回答道：“我不够聪明，哪里能知道，还请老师把这些道理教给我。”

曾子的举动——“避席”是一种非常礼貌的行为。当曾子听到老师要向他传授时，他站起身来，走到席子外向老师请教，是为了表示他对老师的尊重。

空谷传声，虚堂习听

【译文】

空旷的山谷中呼喊声传得很远，宽敞的厅堂里说话声非常清晰。

【注释】

①虚堂：空荡的厅堂。

②习听：习，重复，回声引起重听。

【评解】

空旷的山谷里声音会持续不断，空荡的堂屋中一处发声各处都会响应。

“虚堂”是空屋子，“习”是接二连三的重复。我们都有“虚堂习听”的经验，一间空屋子里面的回声很大，在一个角落讲话另外的几个角落里都能听到。“空谷传声”传出的是谁的声音？“虚堂习听”听到的又是谁的声音？都是发声者自己发出的声音。如果不出声，哪里会有“传声”和“习听”呢？

人的祸福都是自己招感来的，就像自己在山谷中呼喊，听到的是自己的回音一样。一切因果都是自作自受，怨天尤人是没有用的。

【国学小百科】

回音壁

北京天坛的回音壁是天坛中存放皇帝祭祀神牌的皇穹宇外围墙。墙高 3.72 米，厚 0.9 米，直径 61.5 米，周长 193.2 米。回音壁有回传声音的效果，如果两个人分别贴墙站在东西两端。一个人靠墙向北说话，无论说话声音多小，另一个人都可以听得清清楚楚，而且声音悠长，十分有趣。

那么回音壁为什么能回音呢？原因是回音壁围墙的建造遵循声学的传音原理。围墙由磨砖对缝砌成，围墙的弧度十分规则，墙面极其光滑整齐，有利于声波的规则折射。加之围墙上端覆盖着琉璃瓦，使声波不至于消散，更造成了回音效果。回音壁的回音给人造成一种“天人感应”的神秘气氛，令人叹为观止。

【相关链接】

孟母三迁

“亚圣”孟子是战国时期鲁国人。尚在襁褓中时父亲去世，由母亲一手抚养长大。孟子小的时候非常调皮，孟母为了让他受到好的教育，颇费心血。他家原来住在坟地附近，孟子就和邻居的小孩一起学着大人跪拜、哭嚎的样子，玩起办理丧事的游戏。母亲认为这样不好，就把家搬到集市附近。孟子又模仿别人做生意和杀猪的游戏。于是，孟母又把家搬到学堂旁边。孟子就跟着学生们学习礼节和知识。孟母认为这才是孩子应该学习的，心里很高兴，就不再搬家了。这就是历史上著名的“孟母三迁”的故事。

后来，大家就用“孟母三迁”来寓意良好的生活环境对一个人的成长至关重要，人应该要接近好的人、事、物，才能学习到好的习惯!

祸因恶积，福缘善庆

【译文】

祸害是因为多次作恶积累而成，幸福是由于常年行善得到的奖赏。

【注释】

①缘：由于。

②庆：回报，奖赏。

【评解】

这两句话出自《易经》：“积善之家必有余庆，积不善之家必有余殃。”“庆”是回报，奖赏。“有余庆”是福泽绵长，这是积善的回报；

"有余秧"是灾祸不断，这是积恶的果报。这两句话重点讨论了善与恶、福与祸的因果关系。

善恶是因，福祸是果，因果次序一定要分别清楚，千万不能倒置。祸与福是一体两面，相对共存的关系。不想要祸就别让福发展到极点，老子不是说过"祸兮福之所倚，福兮祸之所伏"的话吗？

人为什么会有祸？因为恶积，是小恶的不断积累。为什么会有福？因为积善。所以"福将至，观其善必先知之；祸将至，观其恶必先知之"。

【国学小百科】

《易经》

《易经》是我国最古老的典籍，也是中国传统文化的代表作之一。《易经》是阐述变化的经书，"易"是变化的意思。

历代正统派的学者，用许多不同的文字赞扬它，大致说来，推崇它为"群经之首"，给予无上的敬意；相反的，也有人认为它仅是古代的一部卜筮之书，近于巫祝的筮词，微不足道。实际上，《易经》是一部严谨的哲学著作，并能在科学的范围内用作术数占卜，只是非常深奥难懂，才会有众多牵强附会之说。

宇宙万象，变化莫测。人生际遇，动止纷纭。从"理、象、数"的精华来看易学，由乾、坤两卦开始，错综重叠，旁通漫衍，初从八卦而演变为六十四卦。循此再加演绎，层层推广，便多至无数，大至无穷，尽"精微"之至。

【相关链接】

塞翁失马，焉知非福

古时候，靠近边塞的地方，住着一个老翁。有一天，老翁家的一匹马，无缘无故挣脱缰绳，跑入胡人居住的地方去了。邻居都来安慰他，他说："这件事难道不是福吗？"

几个月后，那匹丢失的马突然又跑回家来了，还领着一匹胡人的骏马一起回来。邻居们得知，都前来向他家表示祝贺。老翁却无动于衷，坦然道："这样的事，难道不是祸吗?"

果不其然，一天，他儿子骑着烈马到野外练习骑射，烈马脱缰，把他儿子重重地甩了个仰面朝天，摔断了大腿，成了终身残疾。

邻居们听说后，纷纷前来慰问。老翁不动声色，淡然道："这件事难道不是福吗?"又过了一年，胡人侵犯边境，大举入塞。四乡八邻的精壮男子都被征召入伍，拿起武器去参战，死伤不可胜计。靠近边塞的居民，十室九空，大部分在战争中丧生。唯独老翁的儿子因跛脚残疾，没有去打仗。因而父子得以保全性命，得以安度残年余生。

尺璧非宝，寸阴是竞

【译文】

一尺长的璧玉算不上宝贵，一寸短的光阴却值得去争取。

【注释】

①璧：圆形的玉。
②竞：争。

【评解】

这两句话告诫人们要珍惜光阴，光阴是千金也难买到的。

璧的本义是平而圆、中心有孔的玉环，后世将上等的美玉称为璧。直径一尺长的璧是非常宝贵的，古有"和氏之璧，价值连城"的故事。但是这里却说"尺璧非宝"，这是与光阴比较而言的。

与光阴（时间）相比，一尺长的美玉也不是宝贝，但是片刻时光却值得珍惜。古人称时间为"光阴"，而且还有"一寸光阴一寸金"的成语。

【国学小百科】

“寸阴”的由来

在钟表出现之前，古人是如何记录时间的呢？

日晷是古代的一种计时工具，是石头制作的带有刻度的盘子，盘面上有一根垂直的铁针。日晷盘面上的刻度非常复杂，分为好几层。因为地球绕太阳公转的轨道是椭圆的，地球自转的地轴又是歪的，所以四季的日照高度不同，落在日晷上的阴影也长短不一。

当夕阳落山的时候，阳光在日晷上的阴影只有一寸长。夕阳落山是瞬间的，一下就落了，如不抓紧时间寸阴就没有了。

【相关链接】

囊萤聚光

晋人车胤，从小好学不倦，但因家境贫困，父亲无法为他提供良好的学习环境。为了维持温饱，没有多余的钱买灯油供他晚上读书。为此，他只能利用白天的空闲时间背诵诗文。

一个夏天的晚上，他正在院子里刻苦读书，忽然见许多萤火虫在低空中飞舞。一闪一闪的光点，在黑暗中发出耀眼的光芒。他想，如果把许多萤火虫集中在一起，不就成为一盏灯了吗：于是，他去找了一只白绢口袋，随即抓了几十只萤火虫放在里面，再扎住袋口，把它吊起来。虽然不怎么明亮，但可勉强用来看书了。从此，只要有萤火虫，他就去抓一把来当作灯用。由于他勤学苦练，后来终于做了职位很高的官。

资父事君，曰严与敬

【译文】

供养父亲，侍奉国君，要做到认真、谨慎、恭敬。

【注释】

①资：奉养。

②事：侍奉。

③严：畏惮，惧怕。

【评解】

资养父母、侍奉君王，原则要求是两个字“严”与“敬”。严是一丝不苟，敬是诚谨恭敬，恭在外表，敬在内心。

父道叫慈道，严就是慈，爱即是害。传统家教中父母教子严格得很，父亲偏重于一个严字，母亲偏重于一个慈字，所以古人称自己的父亲为“家严”，称自己的母亲为“家慈”。

孔子在《孝经》里面说：“资于事父以事母而爱同，资于事父以事君而敬同”。强调了奉养父母、侍奉君王是一样的，都要一丝不苟，虔诚恭敬。

【国学小百科】

三纲五常

“三纲”即“君为臣纲”“父为子纲”“夫为妻纲”；“五常”是指“仁、义、礼、智、信”。这是董仲舒为了维护封建等级制度提出的理论。

“三纲”要求为臣、为子、为妻的必须绝对服从于君、父、夫，同时也要求君、父、夫为臣、子、妻做出表率。“五常”是用以调整、规范君臣、父子、兄弟、夫妇、朋友等人伦关系的行为准则。它反映了封建社会中君臣、父子、夫妇之间的一种特殊的道德关系。

“三纲五常”体现了整个封建统治的各种关系，成为封建立法的指导思想，是封建统治阶级用来控制人们思想，防止人民“犯上作乱”的思想武器，但同时它也禁锢了人们思想、行为。

【相关链接】

精忠报国

精忠报国是关于南宋抗金英雄岳飞的故事。相传岳飞出生时，有一只大鹏从岳家房顶展翅飞过。于是，岳飞的父亲就给他取名“飞”，字鹏举，希望他长大后能成为一个顶天立地的大英雄。

岳飞少年时十分勤奋好学，并且练就了一身的好武功，19 岁时投军抗辽。不久因父丧，退伍还乡守孝。

1126 年金兵大举入侵中原，岳飞再次投军，临走时，岳飞的母亲姚氏在他背上刺了“精忠报国”四个大字，希望他能保卫南宋的大好河山，保护南宋百姓免受金军的欺凌。

岳飞开始了他抗击金军、保家卫国的戎马生涯，而母亲刻下的“精忠报国”四个大字成了岳飞一生忠诚恪守的人生信条。

孝当竭力，忠则尽命

【译文】

对父母孝，要尽心竭力；对国君忠，要不惜献出生命。

【注释】

①竭：竭尽。

【评解】

这两句话强调孝敬父母应当竭尽全力，尽你所能去做，能做到多少就做到多少。忠于君主要能不超越本位，一心一意，恪尽职守。

君不是仅仅指帝王，你的领导、你的主管就是你的君。忠的意思是全心全意、恪尽职守。忠字的象形就是方正不偏的一心，忠诚无私，尽心竭力地把本分内的事情做好就叫尽忠。

做人首先要明理，要有智慧，没有理性的愚忠、愚孝是不可取的。孝子出来做事一定是忠臣，不孝父母的人会懂得爱国家、爱君主、爱百姓，那是不可能的。

中国在隋朝以前没有科举制度，国家挑选人才首先要从各地举荐的孝子中选拔，叫作“举孝廉”。

【国学小百科】

李密与《陈情表》

西晋时，晋武帝司马炎下了道诏书，要李密赴京侍奉太子，任“洗马”一职。李密是个远近闻名的孝子。二十年来，他喂饭喂药，日夜守候在祖母的病榻旁，连晚上睡觉都不脱衣。每次祖母吃药，李密都要亲自尝。

早在蜀后主刘阿斗在世时，李密就先后两次委婉地拒绝当官任职，都是因为要孝敬祖母。但这回是皇上的圣旨，他心里非常不安。可是李密又放心不下年迈多病的祖母。于是，李密服侍祖母吃过药后，便研墨铺纸，上书晋武帝。这就是千古流传的《陈情表》。

李密的这篇《陈情表》，情真意切，诚挚感人，详尽地叙述了祖母对自己的养育之恩和自己对祖母的孝顺之情。晋武帝司马炎读了李密的《陈情表》后，欣然同意了他的请求。

【相关链接】

鞠躬尽瘁，死而后已

自三顾茅庐之后，诸葛亮就一心一意辅佐刘备，联孙抗曹，赤壁之战大败曹军，形成三国鼎足之势，夺占荆州。建安十六年（211年），攻取益州，继又击败曹军，夺得汉中，于是刘备在成都建立蜀汉政权，诸葛亮被任命为丞相，主持朝政。

刘备死后，蜀汉后主刘禅继位，诸葛亮被封为武乡侯，领益州牧，建立丞相府以处理日常事务。当时，全国的军、政、财，事无大小，皆由诸葛亮决定，赏罚严明。对外与东吴联盟，对内改善和西南各族的关系，实行屯田，加强战备。

建兴五年（227年），上疏（即《出师表》）刘禅，率军出驻汉中，前后6次北伐中原，多以粮尽无功。建安十二年（234年），终因积劳成疾，病逝于五丈原军中。

临深履薄，夙兴温凊

【译文】

要“如临深渊，如履薄冰”那样小心谨慎；要早起晚睡，让父母冬暖夏凉。

【注释】

①夙：早晨。
②兴：起来。
③凊：音qìng，凉。

【评解】

这两句承接前两句讲述了具体的做事原则和方法。“临深履薄”

是事君之道，“夙兴温清”是资父之道，二者都是严与敬的具体体现。

“临深履薄”四个字，出自《诗经·小雅·小旻》一篇。其诗曰：“战战兢兢，如临深渊，如履薄冰。”面对着悬崖深渊，腿肚子转筋；走在薄薄的冰面上，咔咔声不断，心惊肉跳。

“夙兴”是早早起床，“夜寐”是晚点儿就寝，这句话出自《诗经·大雅·抑》，诗曰：“夙兴夜寐，洒扫庭内，维民之章。”古代夙兴夜寐的标准是，做儿女的要先于父母而起，迟于父母而睡。早晨父母还没有起床，做儿女的就要先起来；晚上父母睡下了，做儿女的才能睡。

【国学小百科】

子路借米

子路姓仲名由，是孔子的学生，春秋末鲁国人。在孔子的众多弟子中，他性格以粗豪勇敢著称。子路小时候家里很穷，长年靠吃粗粮野菜度日。

有一次，年老的父母想吃米饭，可是家里米缸早已空缺数日，并且没有钱买米。怎么办？子路想到要是翻过几道山到亲戚家借点米，不就可以满足父母的这点要求了吗？

于是，子路翻山越岭走了十几里路，从亲戚家背回了一小袋米，给父母做了香喷喷的米饭。邻居们都夸子路是一个勇敢孝顺的儿子。

【相关链接】

伴君如伴虎

古语云：“伴君如伴虎”，意思是说，陪伴在君主身边就像陪伴在老虎身边一样危险，时时刻刻会招来杀身之祸。因此，古人为官之道讲究的是谨小慎微，说话做事要三思而行。

春秋时，郑武公想讨伐胡人，故意先把女儿嫁给胡人的国君，先让他高兴起来。然后问手下的谋臣：“我想出兵征讨，不知道该讨伐谁?”有个叫关其思的看出了他的意图，说“胡可伐”，以为可以博得郑武公的欢心。

不料，武公大怒，说：“胡，是我的兄弟之国。你说讨伐它，你想离间我们之间的关系吗?”便下令把他斩首。胡国的国王听到此消息，以为郑国是友邦，便对其放松戒备。郑武公趁机袭取了胡人。

似兰斯馨，如松之盛

【译文】

养成了好的道德，就会有好的名声；就像形体端庄，仪表也随之肃穆一样。

【注释】

①馨：香气。

【评解】

“兰”在这里指的是兰草，不是兰花。兰草的学名叫泽兰，是多年生菊科草本植物，可以入药，开紫红色花，其茎、叶、花都有微香，古代用于熏香。

“馨”是散布很远的香气，多比喻人的德化远播，声誉流芳百世。一个人的德行可以感染人，像香草那样香气远播；同时真正的德行能够耐霜雪，经得住恶劣环境的考验。

【国学小百科】

古人的松柏情结

人们常用松柏万古长青来比喻情谊的长久。松柏属不落叶乔木树种，不论在何种土质，都可以活千年以上，有很强的生命力。

古人认为松与君子一样，具有常青不老、四时不易其叶的品质。

松为人君，传说梦见松树的人将为公，所以公木为松。

柏树则被认为是阴木，可以寄托哀思，西方属金色白，故白木为柏。中国文化中的陵墓旁一定要植柏，墓柏是陵寝的一部分，盗伐墓柏的与挖坟掘墓者同罪。记述汉代风俗的《三辅旧事》中记载：凡有盗伐陵柏者“皆杀之弃市”。

【相关链接】

屈原失意作《离骚》

屈原开创了我国浪漫主义诗歌的先河。屈原生于楚国的一个贵族家庭，他满怀爱国热情，曾想在政治上有一番作为。

屈原二十多岁就做了楚怀王的左徒。楚王很信任他，还让他草拟法令，又让他出使齐国，联齐抗秦。但他的改革精神和措施，却招来了楚国贵族大臣们的反对和嫉妒，他们整日向楚怀王说屈原的坏话。昏聩的楚怀王，听信了谗言，渐渐疏远了屈原，后来屈原遭受流放。

政治上失意的屈原把自己的苦闷挥洒在文章里，创作了《离骚》。屈原的文章洋溢着对楚地楚风的眷恋和为民报国的热情。其作品文字华丽，想象奇特，比喻新奇，内涵深刻，成为中国文学的起源之一。

川流不息，渊澄取映

【译文】

还能延及子孙，像大河川流不息；影响世人，像碧潭清澄照人。

【注释】

①渊：静止的水。
②澄：清。

【评解】

“川”是象形字，其甲骨文字形，左右是岸中间是流水，川字的本义就是河流。人的德行可以一代传一代，言传身教，以至子孙万代。

“渊”是水停之处，深水潭称作渊。潭水澄净，可以像镜子一样照见自己的容貌、仪表。祖先建立的德行像潭水一般洁净无染、清澈照人，后人应该以此为鉴，在此基础上再建立起子孙后代自己的德行，这样一代一代传续下去，才叫作“川流不息”。

【国学小百科】

古人的家教

孔子言：“少成若天性，习惯成自然”，意思是对子女的教育应从小抓起。所以，古人对家庭教育非常重视，有的甚至编撰成书，像著名的《颜氏家训》，就是一部教育子女的典范。

古人常常立有家训，子孙后代，世世遵守。北宋名臣包拯晚年就请石匠将他立下的家训“后世子孙仕宦，在犯赃滥者，不得入归本家，亡死之后，不得葬于大茔中，不从吾志，非吾子若孙也”刻在碑上，将碑镶立于堂屋的东壁，令子孙时时观瞻，严格奉行。

清朝画家郑板桥临终时，留给儿子遗训：“淌自己的汗，吃自己的饭，自己事业自己干，靠天、靠地、靠祖宗，不算是好汉。”

【相关链接】

孟母断织

孟子小时候虽然聪慧过人，但是十分贪玩，经常逃学，孟母对此深感担忧。有一次，孟子逃学到外面玩了半天，满身大汗回到家中。此时孟母正在织布，见到孟子问：“你近来学习怎么样了?”

孟子漫不经心地回答：“还不是跟以前一样，不好也不坏。”他根本没有认识到自己的错误。听了这话，孟母又生气又伤心，举起一把刀，将自己辛辛苦苦日夜不停织出的布“咔嗒咔嗒”拦腰割成两段，又将梭子重重地摔在地上。孟子看到母亲把辛辛苦苦织成的布割断了，心里既害怕又不明白其中的原因，连忙问母亲出了什么事。

孟母语重心长地说："学习就跟织布一样，布断了再也接不起来了。学习时不用功，不能温故知新，就永远不会学到真学问。"

孟子听了母亲的教诲，从此开始勤学苦读，最终成为一代名儒。

容止若思，言辞安定

【译文】

仪态举止要庄重，看上去若有所思；言语措辞要稳重，显得从容沉静。

【注释】

①容止：行貌举止。

②若思：沉静安详。

【评解】

这两句教导人们举止言辞要端庄有礼。

"容"指人的容貌仪表，"若思"是若有所思，人的仪容举止要安详，要从容不迫，不能毛毛草草。《礼记》上有"毋不敬，俨若思，安定辞"的语句。俨是恭敬、庄重。

"言辞安定"是说，言语对答要安定沉稳，要有定力。古人教导我们，君子应该是"修己以敬，安之以人"。内心敬才能重，重了才能定。内有定，外表的仪容举止才有安。

【国学小百科】

古代的成人仪式——冠礼

冠礼是古代一种极为隆重的成人仪式。古代的男子到一定年龄时就要在头发加冠，以示成年。

冠礼具体可分为三个步骤：卜筮（shì）、挽髻（jì）、加冠。

卜筮就是冠礼举行之前事先卜筮举行冠礼的时间和举行冠礼时所应邀请的来宾。

挽髻是加冠的准备工作。

加冠由来宾中有威望的人进行。

首先加布缁冠，即用黑麻布做成的帽子。

其次加皮弁冠，即用白鹿皮做的帽子，大多缀饰有玉，尖尖的冠顶常用象骨制成。

最后加爵弁冠，也叫雀弁冠，这是仅次于冕的一种帽子。冠礼完成后，表示孩子已长大成人，此后他不仅可以从军，参加祭祀和出仕做官，而且可以成家立业，生儿育女。

【相关链接】

毛遂自荐

战国时期，秦将白起包围了赵国都城邯郸，大敌当前，赵国形势万分危急。平原君赵胜奉赵王之命，去楚国求兵解围。平原君把门客召集起来，打算从自己数千名家臣中挑选出有勇有谋的20人随同前往，可挑来选去，只挑选出19名。

这时，有一位宾客不请自到，自荐补缺，他就是毛遂。平原君有所疑虑，毛遂说："我今天请求进到囊中。如果我早就处在囊中的话，就会像锥子那样，整个锋芒都会挺露出来。"

到了楚国，毛遂向楚王详细阐述了出兵援赵的利害关系，楚王心悦诚服，答应出兵，最终赵国摆脱了亡国的危机。

笃初诚美，慎终宜令

【译文】

无论修身、求学，重视开头固然不错，认真去做，有好的结果更为重要。

【注释】

①笃：忠实，诚信。

【评解】

马跑得很慢叫作“笃”，引申义是厚实、硕大，如有笃爱（厚爱）和笃交（深交）的用词。“初”是指一件事的开端。任何事情，无论修身还是求学，有好的开端固然很好，但能够始终如一，坚持到底就更属难能可贵。

“慎终”是“慎终如始”的简称，“令”也是美、善的意思，无论是做学问还是修道，一个人如果下定决心，一辈子只干一件事，哪里有不成功的道理呢？

【国学小百科】

古代的蒙学教育

所谓蒙学就是对孩童进行启蒙教育的学问。传统蒙学道德教育的内容主要有三个方面：一是明人伦，二是孝悌，三是正心敬身。

蒙学教育的核心内容一开始就被确定为“明人伦”。蒙学以“明人伦”为目的，以孝悌为主要内容，始终肩负着承载和传播儒家伦理道德的使命。伦理道德教育是传统蒙学的主要内容。如《三字经》中明确提出“三纲五常”这些封建伦理观念；《千字文》中也有类似的句子：“资文事君，曰严与敬，严当竭力，忠则尽命。”

【相关链接】

乐羊子妻

东汉时，乐羊子的妻子是一位深明大义的贤德女子。一次，乐羊子在路上捡到了一块金子，兴高采烈地拿回家，告诉妻子说：“咱们发大财了，我捡到了一块金子。”乐羊子的妻子一点也没有开心，反而语重心长地说：“有志气的人会严格要求自己，把捡来的东西拿回家是败坏自己的名声。”乐羊子听了深感惭愧，就把金子放回原处。

后来，乐羊子到外地求学去了。但一年后，乐羊子就回到家中，说因为思念妻子儿女。妻子听罢，把他领到织机旁说：“这布是一寸寸、一尺尺织出来的，日积月累才能成丈、成匹。如果我把它剪断，就前功尽弃了。求学也和织布一样，不能在学到一半的时候放弃。”乐羊子深受感动，又回去求学了，七年没有回家。

荣业所基，籍甚无竟

【译文】

有德能是事业显耀的基础，这样的人声誉盛大，传扬不已。

【注释】

①籍：通“藉”，做衬垫的东西，凭借。

【评解】

这两句讲述事业成功与美名远扬的关系。“荣业”是荣誉与功业的简称，“籍甚”的意思是凭借于此而更加强大。

但是这个荣业的基础在哪里？“所基”的又是什么呢？就是前面所谈的“德业”与“德行”。“德建名立”才是人生追求的荣誉、事业的基础，如果能够将其发扬光大，子孙万代的荣业都将是永无止境的。

【国学小百科】

文帝孝母与文景之治

在历代皇帝中，汉文帝可以称得上是最孝顺父母的。有一次，文帝的母亲生病了，文帝十分焦急。每日处理完政事后，就匆匆赶到母亲的宫殿，尽心尽力伺候母亲。而且，母亲每喝一碗药，文帝必须先尝一下，确保药不是太烫，然后再亲自喂母亲喝下。

文帝的孝行在大臣中引起了很大的反响，大臣们都更加尊敬文帝，也纷纷向文帝学习，孝顺自己的父母。结果，汉朝上下都以孝敬父母为荣，社会风气非常好，而文帝和后来的景帝也一起开创了中国历史上有名的“文景之治”。

【相关链接】

王祥卧冰

王祥，字休征，晋代琅琊临沂人。早年丧母，继母朱氏对他不好，他仍然很孝顺。有一年冬天，朱氏病了想吃鱼，王祥就来到冰河上解开棉衣，裸出胸膛，趴在冰上，用体温将冰融化，这时，从冰面的缺陷口处跳出两条红色的大鲤鱼，王祥将鱼带回家为继母做了可口的鱼汤。朱氏感动了，从此一家人和睦幸福地生活在一起。

王祥卧冰

学优登仕，摄职从政

【译文】

学习出色并有余力，就可走上仕途（做官），担任一定的职务，参与国家的政事。

【注释】

①摄：代理。

【评解】

“学优登仕”出自《论语·子张篇》。中国上古时期，选拔人才的方法是取士，在十个青年中选一个优秀的出来，就叫作“士”。被挑选出来的士，由国家出钱进行再培训，学礼法、学政策、学法规等政事。培训完成以后，再挑选优秀的士子出来为人群服务，即“出仕”，也就是放出去做管理工作。

“摄职”是先给一个代理官职，“摄”是辅助、佐助的意思。从政是参与政事的讨论与处理。即使是学优登仕的优秀人才，也还是要从见习、代理等职位开始做起。

【国学小百科】

八股文

八股文是科举制度的产物，是明朝统治者规定科举考试必须采用的一种特殊的文体。分为破题、承题、起讲、入手、起股、中股、后股、束股八个组成部分。

“入手”为起讲后入手之处。起股、中股、后股、束股才是正式议论，以中股为全篇重心。在这四股中，每股又都有两股排比对偶的文字，合共八股，故名八股文。题目主要摘自四书、五经，所论内容主要据宋朱熹《四书章句集注》，不得自由发挥，越雷池一步。

八股文注意章法与格调，虽是说理的古体散文，但能与骈体辞赋合流，构成一种新的文体，在文学史上有其相应的地位。但从教育的角度而言，八股文作为考试的文体，从内容到形式都很死板，毫无自由发挥的余地。不仅极大地束缚了读书人的思想，而且败坏学风，毒害不浅。

【相关链接】

一代名臣房玄龄

房玄龄，名乔，字玄龄，齐州临淄（今山东淄博东北）人。房玄龄博览经史，工书善文，18 岁时本州举进士。

隋末大乱，李渊率兵入关，房玄龄于渭北投李世民，任秦王府记室。唐太宗李世民即位，玄龄为中书令。乱世中，他协助李世民经营四方，削平群雄。李世民即位后，他总领百司，掌政务达 20 年，参与制定典章制度，主持修订律令、格敕，又曾与魏征同修唐礼，调整政府机构，精兵简政，裁减中央官员。李世民称赞他有“筹谋帷幄，定社稷之功”。

房玄龄善于用人，用人惟贤，不问其出身高低贵贱；恪守职责，功高权重，但是从不骄纵自满。不愧为中国古代十大贤相之一。

存以甘棠，去而益咏

【译文】

召公活着时曾在甘棠树下理政，他过世后老百姓对他更加怀念歌咏。

【注释】

①甘棠：即棠梨树，这里用来称颂官吏的美政。

【评解】

“甘棠”就是现在的棠梨树，也叫杜梨树，这个典故出自《诗经·召南·甘棠》“蔽芾甘棠，勿翦勿伐，召伯所茇”一句，意思是“甘棠树啊高又大，不能砍啊不能伐，因为召公曾休息在这棵大树下”。后世就用“甘棠”一词，指代为官者的政绩与遗爱。

【国学小百科】

甘棠的典故

召伯，姓姬，名奭，是周文王的庶子，因为他与周公旦共同辅佐周成王“作上公，为二伯”，所以历史上又称其为召伯。

周武王建立周朝，过了几年就染病身亡，儿子成王继承帝位。但是成王年幼，无法主理国事，就由他的叔叔周公旦协助理政。朝中的反对派就暗中拉拢召伯，企图抵制周公旦。召伯深明大义，没有与之同流合污，而是与周公一起共同辅佐成王。召伯治国有方，是周朝杰出的政治家。

召伯巡视南方的时候，曾在一棵高大的甘棠树下休息、处理政务，后人因为怀念召伯，一直不忍心伐掉这棵甘棠树。

【相关链接】

周公辅政

周公，姓姬名旦，周文王的儿子，周武王的弟弟。因其采邑在周，封为上公，故称为周公。在周文王时，他就很孝顺，仁爱，辅佐武王伐纣，封于鲁地。

周公没有到封国去而是留在王朝，辅佐武王，为周安定社会，建立制度，武王崩，又辅佐成王摄政。周公东征平定三叔之乱，灭五十国，奠定东南，归而制礼作乐。

周公唯恐失去天下贤人，洗一次头时，曾多回握着尚未梳理的头发；吃一顿饭时，亦数次吐出口中食物，迫不及待地去接待贤士。周公受到成王冤屈，他仍忠心耿耿，为周王朝的发展呕心沥血，直至逝世，终天下大治。周公为后世为政者的典范。

乐殊贵贱，礼别尊卑

【译文】

选择乐曲要根据人的身份贵贱有所不同，采用礼节要按照人的地位高低有所区别。

【注释】

①殊：差异。
②别：区别。

【评解】

这两句以音乐做比喻，告诉人们要礼随人行。

广义的“礼”是中国文化的统称，包括了哲学、政治、社会、教育等所有文化内容。狭义的礼指社会秩序，特别是指人与人之间的关系，包括现代的法律、法规、政策等内容。礼的作用在于和，有了和才能达到儒家“仁”的境地。

广义的“乐”是艺术形式的总称，包括了现代的音乐、舞蹈、美术、影剧等艺术形式。狭义的乐指音乐。

【国学小百科】

什么是“士族制度”

魏晋南北朝时期出现了一种特殊的历史现象——士族制度。在当时，地主阶级分化，出现了士族（又称世族、门阀、阀阅、势族、豪门地主、门阀势族等）和庶族（又叫寒门、寒族）两个阶层。

士族凭借世代为官的特权，把持朝政，在政治上极力排挤庶族，并形成了一套士族制度。士族的特点是按门第高低分享特权，世代担任重要官职；占有大量土地和劳动力，建立起自给自足、实力雄厚的庄园经济；不与庶族通婚，甚至坐不同席；崇尚清谈，占据高级文官职位。

【相关链接】

聂耳的“耳朵”

聂耳是我国著名的音乐家，他创作了很多脍炙人口的歌曲，像《卖报歌》《毕业歌》《码头工人歌》，同时他也是中华人民共和国国歌

《义勇军进行曲》的作曲者。

其实，聂耳的原名是聂守信，聂耳天生听力特别好。有一次在联欢会上，他不仅表演舞蹈，还模仿各种人讲话的声音，还有一个更精彩的节目就是表演两只耳朵分别一前一后地动，他这一举动把大家逗得大笑起来。从此他就成了大家公认的“耳朵先生”。当时他自己觉得这个外号很富于幽默感，干脆改名为“聂耳”了。

上和下睦，夫唱妇随

【译文】

长辈和小辈要和睦相处，夫妇要一唱一随，协调和谐。

【注释】

①上：地位高的人。

②下：地位低的人。

【评解】

“和”是协调、平静、美好的意思；“睦”字从目，目顺也，就是看着顺眼，引申义为亲近、好合。长辈与晚辈要和睦相处。

“唱”是“倡”的通假字，有倡导、发起的意思。“夫唱妇随”的意思是说，如果没有原则性分歧，丈夫倡导的妻子一定要拥护。

【国学小百科】

古代之“和”

“礼之用，和为贵”，天、地、人三才之道无一不是要求达到“和”的境界，天道、地道、人道都要和，和合万物才能生养。天道之和叫“太和”，地道之和叫“中和”，人道之和叫“保和”，“保和”的意思是要求人保持住天地赋予的和气。由行为入手，真正做到保和，才能达到中和；中和不丢才能恢复到太和，就是复本归元。紫禁城三大殿即取名太和殿、中和殿、保和殿。

【相关链接】

举案齐眉

“举案齐眉”意思是端饭菜时把托盘举得跟眉毛一样高，形容夫妻之间互相尊敬。

“举案齐眉”出自《后汉书·梁鸿传》，讲的是东汉官吏梁鸿和妻子孟光的故事。每当丈夫梁鸿回家时，妻子孟光就托着放有饭菜的盘子，恭恭敬敬地送到丈夫面前。为了表示对丈夫的尊敬，妻子不敢仰视丈夫的脸，总是把盘子托得跟眉毛齐平，丈夫也总是彬彬有礼地用双手接过盘子。

外受傅训，入奉母仪

【译文】

在外面要听从师长的教诲，在家里要遵守母亲的规范。

【注释】

①傅训：师傅的教诲。

②奉：遵循。

③母仪：母亲立下的规范。

【评解】

这两句讲述家庭教育和学校教育的重要性。在外面要接受老师的训诲，在家中要奉持母亲的规范。

“傅训”是师傅、师长的训诲，属于师道。传统教育中的“师”分为“人师”与“经师”，人师的责任是教学生化性、立命，学做人，经师则负责知识的传授。

“母仪”是母亲的举止仪表，古代的规矩是，父亲在外做事，挣钱养家，所以常年不在家，只有到了年底放长假的时候才回来。小孩子在家里的教育，主要由母亲负责，所以女人的主要职责就是相夫、教子。

【国学小百科】

古代四大贤母

我国古代四大贤母是孟母、陶母、欧母、岳母。

孟母是“亚圣”孟子的母亲仉氏。相传孟子的母亲为了能够让儿子有一个良好的学习环境，曾三次搬迁，留下“孟母三迁”的千古美谈。

陶母是东晋贤臣陶侃的母亲谌氏。陶侃幼年丧父，母亲一人含辛茹苦抚养儿子长大，而且以身垂范，教育儿子成为廉洁贤明的贤臣。

欧母是北宋大文学家欧阳修的母亲。欧母知书达理，在儿子小时候就教儿子识字，家境贫寒依然供儿子读书。

岳母是南宋抗金英雄岳飞的母亲。岳母深明大义，在国家危亡之际，励子从戎，精忠报国。

【相关链接】

稷母拒金

战国时，田稷担任齐国的宰相，他为官严厉，办事公正。有一次，他的属吏送给他百两黄金，几番推辞，最后碍于情面还是收下了。田稷将黄金拿回去原封不动地献给了母亲。田母面露怒容说：“你为相三年，俸禄从没有这么多，难道是掠取民财、收受贿赂得来的？”田稷低下了头，以实情相告，田母严肃地说：“我听说士人严于修己，洁身自爱，不取苟得之物；坦荡磊落，不做诈伪之事。不义之事不存于心，不仁之财不入于家。你肩负着国家的重任，就应处处做出表率。而你却接受下属的贿赂，这是上欺瞒国君，下有负于百姓，实在让我痛心啊！速将金子退回，请朝廷发落吧！”

田稷听了母亲的话，羞愧万分，先将百金如数退还，又立即到朝廷坦陈过错，请求罢相。齐宣王听后，对田母的道德风范称赞不已，他对群臣说：“有贤母必有良臣！相母之贤如此，何愁我齐国吏治不清。赦免相国无罪。”并诏令天下学习田母廉洁清正、教子有方的高尚品德。田稷更加严以自律，后来成为齐国一代贤相。

诸姑伯叔，犹子比儿

【译文】

对待姑姑、伯伯、叔叔等长辈，要像是他们的亲生子女一样。

【注释】

①犹子：犹如自己的儿子。

【评解】

这两句讲述家庭和睦的关键因素，即对待姑姑、伯伯、叔叔，要像对待自己的父母一样。同样，对待侄儿、侄女也要像对待自己的子女一样。

孔子说过，对父母尽孝是小孝，是孝之始；能够爱天下人、爱万物才是大孝，是孝之终。“犹子”犹如自己的儿子，《礼记·檀弓》上说：“兄弟之子，犹子也。”显然就是指侄子。

【国学小百科】

氏族社会

氏族社会，也称氏族公社，是以血缘为纽带结成的社会基层单位，也是社会经济的基本单位，产生于旧石器时代晚期，氏族之间可以相互通婚，基本贯穿于新石器时代始终。

氏族社会初期，以母系血缘为纽带，即母权制，称母系氏族社会。大约在新石器时代末期，逐渐过渡到以父系血缘为纽带，即父权制，称父系氏族社会。

【相关链接】

相传，张良小时候，有一次独自玩耍，走到一座大桥上，见一位穿土黄色大褂的老人，坐在桥头上。他见张良走过来，故意将一只脚向后一缩，一只鞋掉到桥下去了，然后叫张良捡上来，张良见他年纪大，就帮忙把鞋子捡了回来。

谁知那老人不接鞋子，却把脚一伸，说："给我穿上。"张良没说什么，又顺从地给老人穿上了鞋。那老人这才微微一笑，站起身来走了。过了一会儿，老人回来告诉张良说："五天后的早晨你还来这里，我有一本书要送给你。"

五天后，张良如期来到桥头，老人果然送给他一本书，这部书原来是一部珍贵的兵书——周朝姜太公编的《兵法》。最后，张良凭借此兵书辅佐刘邦建立了汉朝。

孔怀兄弟，同气连枝

【译文】

兄弟之间要非常相爱，因为同受父母血气，犹如树枝相连。

【注释】

①孔怀：代指兄弟。

【评解】

兄弟之道在五常之中属于礼德，原则是"兄友弟恭"。做兄长的要友爱、关心弟弟，做弟弟的要恭敬、尊重兄长。兄弟之间如能各尽其道，自然和睦友爱。

【国学小百科】

孔　怀

“孔怀”出自《诗经·小雅·常棣》一篇，其中有“死丧之畏，兄弟孔怀”的诗句。“孔”是程度副词，有非常、最如何之意。“怀”是关爱、关怀。“孔怀”就是非常关怀、关爱的意思。

兄弟之间的关系是血缘关系，亲近无比，是朋友关系不能相比的。故此，后世多用“孔怀”二字，指代兄弟手足之情。

【相关链接】

七 步 诗

曹操死后，曹丕当上了魏国的皇帝。曹丕是一个忌妒心很重的人，他担心自己的弟弟曹植会威胁自己的皇位，就想害死他。

有一天，曹丕叫曹植到面前来，要曹植在七步之内做出一首诗，以证明他写诗的才华。否则，就等于是在欺骗皇上，要把他处死。

七步诗

曹植知道哥哥存心要害死他，又伤心又愤怒。果然，他就在七步之内作了一首诗：“煮豆燃豆萁，豆在釜中泣，本是同根生，相煎何太急?”曹丕听罢，深感惭愧，就释放了曹植。

交友投分，切磨箴规

【译文】

结交朋友要情意相投，学习上切磋琢磨，品行上互相告勉。

【注释】

①切磨：切磋。
②箴：劝诫。
③规：劝告。

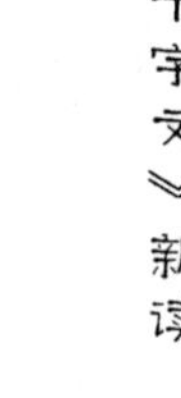

【评解】

交朋友一定要投分，也就是投脾气、投缘分，这是谈的五伦中的“朋友道”，朋友之道讲一个信字，彼此推心置腹，诚信有义，才是真朋友。

朋友相处，应该像曾子说的“以文会友，以友辅仁”。朋友之间有进步要互相鼓励，有过失要互相规劝，有困难要互相帮助，有心得要互相交流，这就是“切磨箴规”。

切磨是“切磋琢磨”的缩略形式，意指对学问的探讨与研究。“箴”字的本义为竹针或石头针，可用于针灸治病。箴文是一种告诫类文体，起规劝、纠正作用，箴言就是有哲理作用、能激励人的座右铭。

【国学小百科】

五　伦

五伦是封建社会的五种人际关系：君臣、父子、夫妇、兄弟、朋友。五伦的形成是有先后次序的，五伦之始，第一伦，就是夫妇。有了夫妇，才有父子。孩子一多，就又有了兄弟。孩子长大了，进入社会工作，就有了长官与部属。这最后一伦，也是最大的一伦，就是朋友了。封建社会注重名分，每个人必须遵照自己在五伦中所处的地位，恪守伦理道德，克尽义务，做到君敬臣忠，父慈子孝，夫唱妇随，兄弟友爱，朋谊友信。

【相关链接】

负荆请罪

战国时期，蔺相如因“完璧归赵”有功，被提升为上卿，且位在赵国良将廉颇之上。廉颇对此不服，扬言要羞辱蔺相如。

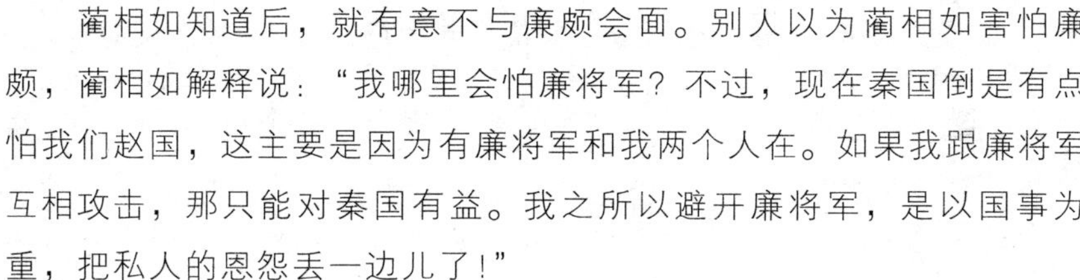

蔺相如知道后，就有意不与廉颇会面。别人以为蔺相如害怕廉颇，蔺相如解释说：“我哪里会怕廉将军？不过，现在秦国倒是有点怕我们赵国，这主要是因为有廉将军和我两个人在。如果我跟廉将军互相攻击，那只能对秦国有益。我之所以避开廉将军，是以国事为重，把私人的恩怨丢一边儿了！”

这话传到了廉颇耳朵里，廉颇十分感动，便赤裸着上身，背负荆杖，来到蔺相如家请罪。两个人结成生死之交。

仁慈隐恻，造次弗离

【译文】

仁义、慈爱，对人的恻隐之心，在最仓促、危急的情况下也不能抛离。

【注释】

①隐恻：即恻隐，不忍，同情。

②造次：紧要关头。

③弗：不。

【评解】

仁慈就是仁德，仁是体，慈是用，表现出来就是爱心。能够不讲条件的博爱就是慈，慈的本体就是仁，它们一体三面，同出而异名。

“隐恻”是见人遭遇不幸而心有不忍，是仁慈之心的表现。“造次”的本义是仓促、匆忙，引申义为草率、轻忽、唐突。

人在忙乱仓促、来不及思考的时候，仁德所表现出来的慈爱、恻隐之心也不能够离开，不能够抛弃，就是“造次弗离”。

【国学小百科】

孟子的“性善论”

战国时期，孟子提出人的本性都是善良的，都有不忍之心，这就是著名的“性善论”。

孟子认为，性善可以通过每一个人都具有的普遍的心理活动加以验证。既然这种心理活动是普遍的，因此性善就是有根据的，是出于人的本性、天性的，孟子称之为“良知”“良能”。

孟子举了“孺子坠井”的例子，一个人看到有孩子掉入井里，他瞬间的第一个反应就是救人，根本没考虑是否有奖金，是否受表扬之类的条件，这就是恻隐之心人皆有之。这是孟子“性善论”的基点。

【相关链接】

一饭千金

汉初大将韩信，在未得志时，生活很困苦，时常要饿肚子。一日，他饿得头晕眼花，差点在河边晕倒。一个洗衣的漂母，很同情韩信的遭遇，便把自己带的饭团给了韩信。

韩信很是感激她，便对她说，将来要是发达了必定要重重地报答她。但是漂母听了韩信的话，表示并不希望韩信将来报答她。后来，韩信替汉高祖刘邦建立基业，立了不少功劳，被封为楚王。

韩信常想起在艰难困苦中，得到一位勤劳的仅能以双手勉强糊口的漂母的恩惠。他想要重重报答漂母的大恩，便派人四处打听漂母的下落。在找到漂母后，韩信便命从人送酒菜给她吃，更送去黄金一千两来答谢她。

节义廉退，颠沛匪亏

【译文】

气节、正义、廉洁、谦让的美德，在最穷困潦倒的时候也不可亏缺。

【注释】

①节：气节，节操。

②退：谦让。

③颠沛：穷困，受挫折。

④匪：不。

⑤亏：亏缺。

【评解】

这两句说一个人的气节永远也不能丢弃，即使身处困境，一名不值。

“节”本义为竹节，竹子可以被剖开，但其中的节不会扭曲，由此引申为气节、操守，所谓“君子竹，大夫松”，说的是人应该有所守而不变。这里用“节”来代表五常之中的信德。

“廉”指一个人有操守，不苟且，在五常中代表“智德”。

“退”的意思是谦退、谦逊、礼让，是“礼德”。

“沛”是跌倒，“颠沛”合用比喻人的生活动荡困苦，人生挫折困顿的状态。

气节、正义、廉洁、谦逊这些品德，即使在颠沛流离的时候也不能亏缺。

【国学小百科】

五德之禽

古代特别重视鸡，称它为“五德之禽”。《韩诗外传》说，它头上有冠，是文德；足后有距能斗，是武德；敌前敢拼，是勇德；有食物招呼同类，是仁德；守夜不失时，天明报晓，是信德。

民间更将鸡视为吉祥物，说它可以避邪，还可以吃掉各种毒虫，为人类除害。所以，开年第一天民间以红纸剪鸡作窗花，而且把这天定为“鸡日”。

【相关链接】

苏武牧羊

西汉天元年间，汉武帝派苏武出使匈奴，结果苏武被扣押在匈奴，后来又被流放到边远的北海（今贝加尔湖）无人烟的地方，放牧羝羊（羝羊即公羊）。北海荒无人烟，唯一和苏武做伴的是那根代表朝廷的旌节。匈奴不给口粮，他就掘野鼠洞里的草根充饥。风吹雨打，旌节变得破旧不堪，但是苏武手持旌节，不为匈奴的高官厚禄所动。汉昭帝时，汉朝和匈奴修好，苏武隔了 19 年，终于回到了长安。可是，此时此刻，他已经变得白发苍苍，可是苏武手中依然紧握出使时的旌节。苏武的气节感动了汉朝百姓，也感动了千百年来的后人。

性静情逸，心动神疲

【译文】

品性沉静淡泊，情绪就安逸自在；内心浮躁好动，精神就疲惫困倦。

【注释】

①逸：安乐，安闲。

【评解】

“性”是天赋的、天生的，是看不见摸不着的，是人心理活动的本体。“性”的表现形式就是“情”，这个看不见摸不着的本体，依托于“情”这个形式表现出来，以便与同类进行交流。“情”有“喜怒哀惧爱恶欲”七种形式。情是由性所发出的，性一动就发为情。

“性静情逸”说的是人的心性沉静下来了，心情就会安逸、悠闲；相反，如果性不静，情不安逸，就会“心动神疲”。心念动了，精神就困倦、疲劳了。

【国学小百科】

诸葛亮家训

诸葛亮结合自己的人生经验写成《诫子书》，告诫儿子说：“夫君子之行，静以修身，俭以养德。非淡泊无以明志，非宁静无以致远。夫学须静也，才须学也，非学无以广才，非志无以成学。淫慢则不能励精，险躁则不能治性。年与时驰，意与日去，遂成枯落，多不接世，悲守穷庐，将复何及！”也就是说品德高尚的人，以宁静加强自身的修养，以节俭培育良好的品德。不恬淡寡欲，无以明志趣；没有心境宁静，就不能实现远大的理想。学习必须心静，才干必须通过学习取得；不学习就无法增长才干，不立志也不能学有所成。轻浮怠惰就不能精研学问，偏激浮躁就不能陶冶情操。

诸葛亮《诫子书》目的在于告诫儿子要注重修身养性，生活节俭，以此来培养自己的品德，表达了他希望后代志存高远的厚望。

【相关链接】

房玄龄淡泊名利

房玄龄官居宰相时，名贯天下，却从不居功自傲，更不贪权图利。唐太宗曾经召集大臣，讨论世袭之事，封房玄龄为宋州刺史和梁国公。唐太宗这样做的目的是为了让房玄龄的子弟世袭。但房玄龄觉着自己身为宰相，应为各位大臣做出榜样，不应贪图私利，便上奏唐太宗说："臣已经担任宰相，现在又封为宋州刺史，这样恐怕会使大臣们争相追逐名利，使朝政大乱。臣认为不妥，请陛下罢免臣的刺史职位。"

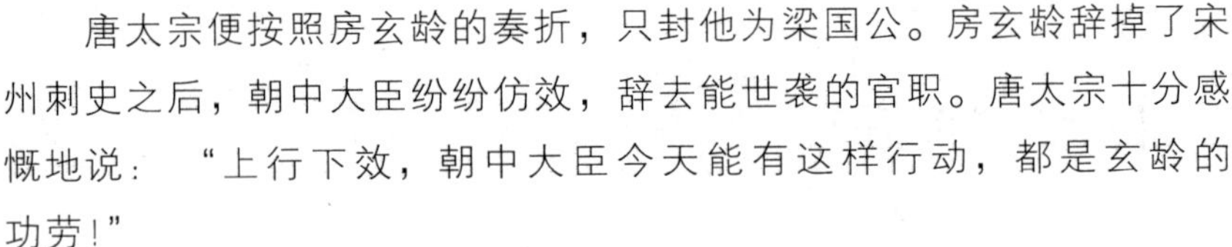

唐太宗便按照房玄龄的奏折，只封他为梁国公。房玄龄辞掉了宋州刺史之后，朝中大臣纷纷仿效，辞去能世袭的官职。唐太宗十分感慨地说："上行下效，朝中大臣今天能有这样行动，都是玄龄的功劳！"

守真志满，逐物意移

【译文】

保持纯洁的天性，就会感到满足；追求物欲享受，天性就会转移改变。

【注释】

①逐物：追逐物欲。

②意移：意志动摇。

【评解】

"守真"是保持住人的真常之性，"真"是真常，指人的本性、本源，道家有"返璞归真"的说法。"心之所往谓之志"，所往是人的心要向何处去。我们经常说要立志、要有志向，说的就是人的心要有一个运动方向，这就叫作志。

“心之所发谓之意”，发出来的、表现出来的心理活动就叫作意。保持内心清静，情绪就会安逸舒适；内心躁动，精神就会疲惫困倦。

【国学小百科】

性 恶 论

战国末荀子倡导人的本性具有恶的道德价值，这就是“性恶论”。“性恶论”是中国古代人性论的重要学说之一。

荀子说：“好恶、喜怒、哀乐，夫是之谓天情。”又说：“性之好恶、喜怒、哀乐，谓之情。”荀子和孟子一样，认为食色喜怒等是人的先天性情，是人情之所不能免，是人所共有的。

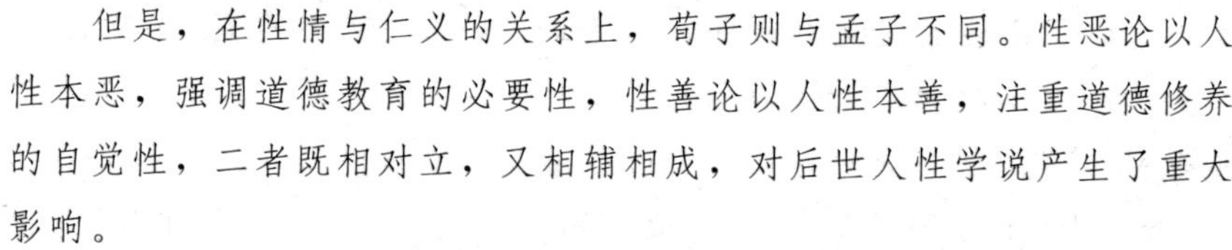

但是，在性情与仁义的关系上，荀子则与孟子不同。性恶论以人性本恶，强调道德教育的必要性，性善论以人性本善，注重道德修养的自觉性，二者既相对立，又相辅相成，对后世人性学说产生了重大影响。

【相关链接】

胡九韶谢天

明朝时有个叫胡九韶的人，他的家境很贫困。他一面教书，一面努力耕作，仅仅可以维持衣食温饱。每天黄昏时，胡九韶都要到门口焚香，向天拜九拜，感谢上天赐给他一天的清福。

妻子笑他说：“我们一天三餐都是菜粥，怎么谈得上是清福?”胡九韶说：“我首先很庆幸生在太平盛世，没有战争兵祸。又庆幸我们全家人都能有饭吃，有衣穿，不至于挨饿受冻。第三庆幸的是家里床上没有病人，监狱中没有囚犯，这不是清福是什么?”

坚持雅操，好爵自縻

【译文】

坚持高尚的情操，好的职位自然会为你所有。

【注释】

①好爵：高官厚禄。

②縻：系往，引申为来临之意。

【评解】

这两句讲述品行的重要性，正所谓“好酒不怕巷子深”，一个人只要能够坚持高雅的操守，好运自然会来临，哪里用得着向外面去求呢?

“雅操”指高雅的操守、高尚的道德追求，即“仁义礼智信”五常之德与“父子、兄弟、夫妇、君臣、朋友”五伦之道。能持五常之德，行五伦之道，才为此地所讲的“坚持雅操”。

“爵”是古代青铜制作的酒具，因贵族的等级不同使用的爵器也不同。后世把爵作为爵位、爵号、官位的总称，好爵即指代高官厚禄、好运气、好机会。

“縻”的本义为拴牛的绳子。拴马的绳子叫羁，拴牛的绳子叫縻，羁縻合用是牵制、笼络的意思。縻字的引申义为牵系、拴住，“自縻”就是自己跑来拴住自己，也就是自修己德，自求多福，好运自来的意思。

【国学小百科】

九宾之礼

九宾之礼是我国古代最隆重的礼节，在众多礼节中规格最高。原本是周朝天子专门用来接待天子诸侯的重典。

周朝有八百个诸侯国，周天子按其亲疏，分别赐给各诸侯王爵位，爵位分公、侯、伯、子、男五等，各诸侯国内的官职又分为三等：卿、大夫、士，诸侯国国君则自称为“孤”。这“公、侯、伯、子、男、孤、卿、大夫、士”合起来称为“九仪”或称“九宾”。

周天子朝会“九宾”时所用的礼节，就叫“九宾之礼”。“九宾之礼”先是从殿内向外依次排列，九位礼仪官员，迎接宾客时则高声呼唤，上下相传，声势威严。

到了战国时代，周朝衰微，诸侯称霸，“九宾之礼”也为诸侯所用，演变为诸侯国接见外来使节的一种最高外交礼节了。

【相关链接】

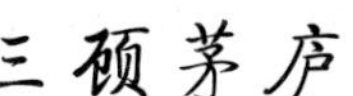

三顾茅庐

东汉末年，诸葛亮居住在隆中的茅庐里。谋士徐庶向刘备推荐说：“诸葛亮的才华在我之上，有他相佐，主公大业不愁。”刘备于是同关羽、张飞一起去请诸葛亮出山。可是不巧，诸葛亮不在家，刘备只好留下姓名，怏怏不乐地回去。

隔了几天，刘备又带着关羽、张飞冒着风雪前去。哪知诸葛亮又出门去了，刘备他们又空走一趟。刘备第三次去拜访，终于见到了诸葛亮。席间，诸葛亮对天下形势做了非常精辟的分析，刘备十分叹服。

刘备“三顾茅庐”的诚意使诸葛亮非常感动，答应出山。刘备尊诸葛亮为军师，对关羽、张飞说：“我之有孔明，犹鱼之有水也！”在诸葛亮的辅佐下，刘备逐步奠定了蜀汉的国基。

都邑华夏，东西二京

【译文】

古代的都城华美壮观，有东京洛阳和西京长安。

【注释】

①都：首都。
②邑：城市。
③华夏：中国的古称。
④东西二京：指洛阳和长安。

【评解】

天子住的地方叫作都，诸侯住的地方叫作邑，相当于现在的首都和省会的概念。

中国的文化灿烂光华，故此称为“华”，中国的土地辽阔无边，因此叫作“夏”，华夏就代表了中国。

中国最古老、最宏伟的两个都城，一个是东京洛阳，一个是西京长安。洛阳号称九朝古都，历史上前后有九个朝代在洛阳定都。

西京长安，简称西安，由于地理位置接近中国的中心，所以是“十一朝古都”。最早在长安建都的是西汉，之后有秦魏北周隋唐等多个朝代均定都于此。

【国学小百科】

八大古都

北京、南京、西安、洛阳、开封、杭州、郑州、安阳是我国的八大古都。

北京作为全国政治中心和文化中心，历史上，战国时的燕、五代时的前燕和金、元、明、清各朝都先后定都于北京。民国初年，北京仍是首都，称为京师。

南京是江苏省省会，有“六朝古都”之称，从三国时期的吴国开始，东晋、南朝的宋、齐、梁、陈、南唐、明朝均以南京为都。太平天国也建都南京，称天京。

西安是陕西省省会，在我国历史上，先后有13个王朝，即西周、秦、西汉、新莽、东汉末年、西晋末年、前赵、前秦、后秦、西魏、北周、隋、唐在西安地区建都。

洛阳有“九朝古都”之称，东周、东汉、曹魏、武周、西晋、北魏、后梁、后唐、后晋先后曾定都于洛阳。

开封建都始于魏惠王迁都于此。五代时期，后梁、后晋、后汉、后周先后均定都于此。赵匡胤建立北宋王朝时，定都开封，时称东京。

杭州是浙江省省会，历史上吴越、南宋曾定都于此，称临安。

郑州是我国商代前期的国都，商代后期把国都迁到安阳。

【相关链接】

迁都洛邑

公元前 1066 年，周武王灭商建周，为了巩固周王朝的统治，周公旦在平定东方的叛乱之后，即在夏人故地伊水、洛水一带建立新都，即洛邑，并把商人中的顽固分子迁到洛邑加以控制，为了与另一都城镐（今西安市西南）相区别，称为成周。

公元前 771 年，周幽王太子一党的申、缯等诸侯联合犬戎攻破宗周（镐京），周幽王战死，宗周也遭到了破坏。太子宜臼继位后，鉴于宗周遭到严重破坏，而且犬戎势力也进入了宗周一带，出于安全考虑，在晋、卫、齐、申、缯等诸侯的拥护下，迁都洛邑。

背邙面洛，浮渭据泾

【译文】

东京洛阳背靠北邙山，南临洛水；西京长安左跨渭河，右依泾水。

【注释】

①邙：指邙山。

②洛：指洛水。

③渭：指渭水。

④泾：指泾水。

【评解】

这两句话描述了东西二京长安和洛阳的地理位置和地形地貌。

“背邙面洛”描述的是洛阳，洛阳城背靠北邙山，南面是洛水。洛水起源于陕西的洛南县，流经洛阳城南，然后汇入黄河，所以“背邙面洛”是洛阳城地理背景的描绘。

浮是漂流、漂浮的意思；据是据恃、凭据、靠着的意思。“浮渭据泾”，说的是西京长安的地理位置，西安的左面有渭水，右面有泾河。

【国学小百科】

坐北朝南

中国人尚南，以面南为正位。中国古代的地图都是上南下北，就连居室也要坐北朝南，历来的衙门口也都是朝南开。

为什么非得坐北朝南不可呢？面南背北是九五之尊的天子之位。天子既居乾位，有九五之尊，天子的一举一动就要正大光明，经得住南方丙丁火（阳光）的直射，阳光下的影子要正，政者正也，自己正了，才能施政，所以“天子无私事”。

【相关链接】

洛阳纸贵

西晋文学家左思，坚持不懈地读书，终于在一年之间写成了《齐都赋》，显示出他在文学方面的才华，为他成为杰出的文学家奠定了基础。

后来，左思又花了整整十年时间写成了《三都赋》，描述了三国时期魏、蜀、吴的风土、人情、物产，语言优美，内容翔实。

一时之间，《三都赋》在京城洛阳广为流传，人们啧啧称赞，竞

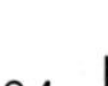

相传抄，一下子使纸昂贵了几倍。原来每刀（西晋重量单位）千文的纸一下子涨到两千文、三千文，后来竟倾销一空。不少人只好到外地买纸，抄写这篇千古名赋。

宫殿盘郁，楼观飞惊

【译文】

宫殿盘旋曲折，重重叠叠；楼阁高耸如飞，触目惊心。

【注释】

①盘郁：曲折盘旋。

②观：泛指庙宇。

【评解】

这两句描述了皇室宫殿的华美。

天子所居之室叫宫，天子所议之堂叫殿，本来在上古时期宫室通称，以后“宫”字才专为皇家所用。殿的本义是泛指高大的房屋，以后专指供奉神佛或帝王受朝理事的厅堂。

“宫殿盘郁”是形容都城里面的宫殿，盘旋曲折，错落重叠。盘是盘旋、逶迤，郁是重叠茂盛的样子。

楼观是古代宫殿群里面最高的建筑，飞是形容建筑物之高，有凌空欲飞之势。惊是让人看了触目惊心。楼观都高入云天，让人看了触目惊心。

【国学小百科】

“宫”“殿”之别

一般来说，殿是议论公事的地方，宫是帝王的生活区。皇家宫殿的格局一般是殿在前，宫在后。

例如北京皇宫紫禁城的布局，分为前朝后廷、左庙右稷。紫禁城前半部分是三大殿：太和殿、中和殿、保和殿，属于外朝；后半部分是后三宫：乾清宫、坤宁宫、交泰宫（殿），那是皇帝生活起居的地方，属于内廷。

紫禁城的左面是皇帝的家庙——太庙（现在的北京市劳动人民文化宫），右面是祭地神和谷神的社稷坛（北京市中山公园五色土）。

【相关链接】

亭台楼阁

在我国的旅游景点或名胜古迹，经常可以看到亭台楼阁的建筑物。

亭是一种有顶无墙的小型建筑物。有圆形、方形、六角形、八角形、梅花形和扇形等多种形状。亭子常常建在山上、水旁、花间、桥上，可以供人们遮阳避雨、休息观景，也使园中的风景更加美丽。

台是用土石垫起来的高而平的方形建筑，便于瞭望。

楼阁是两层以上金碧辉煌的高大建筑。可以供游人登高远望，休息观景，还可以用来藏书供佛，悬挂钟鼓。

图写禽兽，画彩仙灵

【译文】

宫殿上绘着各种飞禽走兽，描画出五彩的天仙神灵。

【注释】

①彩：彩绘。

【评解】

这两句从小处着手，描述宫殿上绘的五彩图案。“图写禽兽”是说宫殿里面雕梁画栋，梁柱檐井及墙壁匾额上面画满了飞禽走兽。“画彩仙灵”是指用“青黄赤白赫，黑红紫绿蓝”五彩十色绘画的天仙和神灵。

【国学小百科】

中国结

中国结最早源于古代结绳记事。远古时代，因为还没有发明文字，所以人们通过打结来记事，不同的结代表不同的事情。

据《易经·系辞》记载“上古结绳而治，后世圣人易之以书目契。”可见，“结”又被先民赋予了“契”和“约”的法律表意功能。随着文字的出现，结渐渐失去了历史价值。

但是，五颜六色的彩绳被打成各种样式，寄托人们的各种情感愿望。于是，就有了象征爱情的“心有千千结”，装饰服饰的美丽绳结，代表“吉庆有余”的吉结、鱼结，祈福驱邪的吉祥结、盘长结等。

【相关链接】

钟馗捉鬼

在我国的民间传说中，钟馗是驱鬼诛邪之神。相传，他是唐初终南山人，生得豹头环眼，铁面虬鬓，相貌奇丑，然而却是个才华横溢、满腹经纶的风流人物，平素为人刚直，不惧邪祟。民间在除夕、端午等节日期间悬挂钟馗画像，驱除邪佞，保佑平安。

丙舍傍启，甲帐对楹

【译文】

正殿两边的配殿从侧面开启，豪华的帐幕对着高高的楹柱。

【注释】

①丙舍：宫中正室两旁的房屋，以次于甲乙。

②傍启：侧面开门。

③甲帐：用明珠、美玉装饰的床帐。

④楹：殿堂上的柱子。

【评解】

这两句话介绍宫殿内部格局。丙舍是古代王宫中正室两旁的别室，后世叫作偏殿、配殿。地户就是专与死人打交道的地方，都称为丙舍。例如寄柩所、祠堂、陵园内的房子等等。

因为丙舍不是正房，而是配房、别室，其门户自然也都是朝东西方向开启的，故称傍启。傍是旁的通假，傍启就是旁启。

“甲帐对楹”的意思是豪华的幔帐对着高高的楹柱。甲帐是汉武帝时所造的帐幕，汉武帝的幔帐用珊瑚、宝石翡翠、珍珠镶嵌，是第一等的幔帐，故称甲帐。

【国学小百科】

天干地支

传说天干地支是黄帝时候的大挠氏所创，经历上下五千年的历史，传用至今。在中国古代的历法中，甲、乙、丙、丁、戊、己、庚、辛、壬、癸被称为“十天干”，子、丑、寅、卯、辰、巳、午、未、申、酉、戌、亥叫作“十二地支”。两者按固定的顺序互相配合，组成了干支纪法。

从殷墟出土的甲骨文来看，天干地支在我国古代主要用于纪日，此外还曾用来纪月、纪年、纪时等。

【相关链接】

鲁班学艺

鲁班是我国建筑工匠的“鼻祖”。相传，鲁班年轻的时候告别了家乡，千里迢迢来到终南山学艺。

鲁班学艺

师傅决定考验鲁班，让鲁班把门后已长满锈的斧子、刨子、凿子不停地磨，磨了七天七夜，然后伐一棵参天大树，并将其砍成一个光滑大柁，用凿子在大柁上凿了两千多个眼，鲁班足足干了十二天。师傅看到鲁班的成果连声称赞。然后师傅带领鲁班来到西屋，原来西屋满是精致的模型，鲁班下定决心一定要把手艺学好，于是认真地研究起模型来。

三年后，鲁班把所有的手艺都学会了。他拿起了自己磨的刨子、凿子和斧子，告别了师傅，下了山。

肆筵设席，鼓瑟吹笙

【译文】

宫殿中大摆宴席，乐人吹笙鼓瑟，一片歌舞升平的景象。

【注释】

①肆：摆设。
②笙：簧管乐器。

【评解】

这两句描述了宫殿之中大摆宴席的景象。“肆”与“设”是一个意思，都是放置、陈列。筵和席都是古代的坐具，“肆筵设席”就是摆设筵席。

“鼓瑟吹笙”，是宴会中助酒兴的音乐歌舞，鼓是弹奏的意思，瑟是二十五弦的琴。古代七弦的叫琴，二十五弦的为瑟。笙在这里代表了管乐，瑟在这代表了弦乐。

【国学小百科】

古代的坐具

中国上古时期没有椅子，椅子在古代称为“胡凳”，是从西域胡地传到中原的。中国传统的叫凳子，没有靠背。

在唐朝以前，古人都是席地而坐，地上铺张席子，然后跪坐在地上，今天的日本人还是这个传统。筵、席就是铺在地上的坐具，紧贴地面的那层席子就叫作筵，筵上再设座席。席有大有小，有单人席、双人席不等。

【相关链接】

烹饪治国

商朝名臣伊尹擅长烹调，他原本就是君王成汤的厨子。但他极其聪明，很有谋略，很想帮着成汤干一番大事业。但一个厨子，怎样才能接近成汤呢？他就想了一个奇招。成汤有一段时间发觉饭菜的味道不对，不是咸了就是淡了，于是把厨子伊尹叫来，问问他这菜是怎么回事。伊尹于是根据烹调的道理，纵谈天下大事。成汤听得大喜过望，知道此人绝非等闲之辈，经过几次长谈以后决定拜伊尹为宰相。

升阶纳陛，弁转疑星

【译文】

登上台阶进入殿堂的文武百官，帽子上的玉石闪闪发光，像满天的星星。

【注释】

①纳：进入。

②陛：帝王宫殿的台阶。

③弁：帽子。

【评解】

阶和陛都是台阶的意思，普通的台阶就叫阶，帝王宫殿的台阶就叫陛。升阶是一阶阶登上去，纳陛也是用脚蹬着一步步走上前。“升阶纳陛”的意思，就是一步步拾阶而上，登堂入殿。

弁是古代的官帽，有爵弁和皮弁之分。爵弁是没有旒的冕，冕是黑色的礼冠，皮弁是文武百官戴的皮帽子，用白鹿皮缝制，样子像现在的瓜皮帽。鹿皮拼缝之处缀有一行行闪闪发亮的小玉石，光映下其烁如星，看上去就像闪烁的星星一样。

“弁转移星”的意思就是每个人都戴着官帽，上面的玉石转来转去，在灯光的映照下，就像星星一样明亮。

【国学小百科】

“冕”上的学问

冕是古代帝王和诸侯所戴的礼帽。冕的上面有块长方形的搓板，叫延。延的前后沿都挂着一串串的玉石珠子，叫作旒。天子挂 12 串，诸侯挂 10 串。在冕冠两侧，还对穿一个孔，用来穿插玉簪，将冕冠与发髻拴在一起。在簪的一端，系有一根丝带，戴冕冠时，带从颌下绕过，再系在簪的另一端。在丝带经过两耳的位置，各垂一颗黄色的珠玉，叫“充耳”。充耳挂在耳边，走起路来一晃一晃，意思是提醒戴冠的人勿听信谗言。“充耳不闻”一语，就是由此而来。与此相称，冕冠上的冕旒垂落下来，正好挡住眼睛的视线，叫“视而不见”，意思是提醒天子，对待臣子要宽容，谁能没有过失呢？该闭一只眼的时候就闭一只眼，就像隔着帘子看人一样，不要总是明察秋毫。

【相关链接】

戴高帽

“戴高帽”这一说法来自唐代李延寿所著的《北史·熊安生传》。其中记载了这样一个故事：

北齐时有一位名叫宗道晖的人，平时喜欢头戴一顶很高的帽子，脚上穿一双很大的木屐。每当有州将等级官员到来，他都要以这身打扮去谒见。见到官员时，又总是向上仰着头，举着双手，然后跪拜，一直把头叩到木屐上，极尽阿谀奉承之能事。

后来，人们便把爱吹捧、恭维别人的行为叫作“给人戴高帽”，把喜欢别人当面阿谀的人称为“喜欢戴高帽”。

右通广内，左达承明

【译文】

右面通向用以藏书的广内殿，左面到达朝臣休息的承明殿。

【注释】

①广内：殿名，西汉宫廷藏书之所。

②承明：殿名，西汉朝廷著述之所。

【评解】

这两句话是描述西京长安皇宫里面的建筑，向右通广内殿，往左达承明殿。

上古时代没有高大的宫殿建筑，殷商的遗址上至今也没有发现瓦片，甚至禹王住的所谓宫室，也是半地穴式的，出入口有两级土阶，屋顶都是茅草的，就是《诗经》中描写的“茅茨土阶”。

直到战国时代的遗址上才发现了空心砖，还是用于墓穴，住人的房子还是用干打垒的土墙。自秦始皇后，历代皇帝才开始重视宫殿建设。

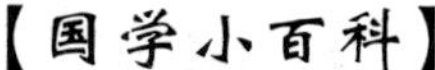

汉三宫

“汉三宫”是汉朝长安城里面有著名的长乐宫、未央宫、建章宫三座宫殿。

长乐宫就是汉高祖刘邦的寝所。而未央宫是在公元 200 年即汉高祖七年，由丞相萧何主持修建的，营造得极为豪华。

建章宫的规模更为庞大，殿宇楼阁林立，号称千门万户，宫殿比未央宫还要高大。仅东西两个观阙台就有 20 多丈高。汉朝著作《三辅黄图》有描述“建章宫中，西则广内殿”，“未央宫有承明殿”。

建章宫右通广内殿，未央宫往左去就是承明殿。广内殿是皇帝收藏图书典籍的地方，承明殿是皇帝会见文武大臣的地方。

火烧阿房宫

秦阿房宫是秦王朝拟建的政令中心，宫殿建筑群规模宏大，位于今陕西省西安市以西 13 公里处，与秦都咸阳隔渭河相望。

据说当年项羽攻破咸阳后，出于对秦王朝暴政的仇恨，于是命令火烧阿房宫。今天烧这一处，明天烧那一处，天天烧，夜夜烧，烧得火焰冲天，咸阳城全都罩在火光和浓烟之下。秦朝统治的阿房宫就这么给楚人的怒火烧成了一堆堆的瓦砾场。

关于火烧阿房宫一事的描述，是从诗人杜牧开始的，一首《阿房宫赋》流传千古，让人深信不疑。但据考古工作者考证，在阿房宫前殿遗址20万平方米的勘探面内只发现了几处红烧土遗迹。专家认为，这表明历史上有关项羽放火焚烧阿房宫的记载是不准确的。但项羽火烧阿房宫这一传说却给人们留下了无尽的遐思。

【相关链接】

风雨天一阁

天一阁位于浙江宁波市，是我国现存年代最早的私家藏书阁，也是亚洲现有最古老的图书馆和世界最早的三大家族图书馆之一。天一阁是明朝兵部右侍郎范钦主持建造的，范钦素来喜欢收藏古籍，数量庞大，故建此藏书楼，取《易经》中"天一生水"的说法，而书向来怕火，水火相克，所以把藏书楼定名为"天一阁"。范钦为保护藏书而制定了一些严格的规则。

嘉庆十三年（公元1808年），阁内的藏书已达4094部，共53000多卷。但是在鸦片战争时，英国侵略者掠去了《一统志》等数十种古籍。此后，又数次有盗贼潜入偷书。新中国成立后，政府专门设置了管理机构保护天一阁，并且探访寻回了部分流失的书籍。

既集坟典，亦聚群英

【译文】

这里收藏了很多的典籍名著，也聚集了成群的文武英才。

【注释】

①坟典：三坟五典，泛指群书。

【评解】

这里讲述宫殿中收藏典籍无数，文臣英才荟萃一堂。

“坟”指的是三坟，“典”指的是五典。三坟指的是三皇之书，三皇即伏羲氏、神农氏、黄帝；五典指的是五帝之书，五帝即少昊氏、颛顼氏、帝喾、尧、舜。三坟五典是我国最古老的书，已失传。“既集坟典”说的是广内殿，因为它是收藏图书的地方，收藏了古今的图书典籍。

“亦聚群英”说的是承明殿，承明殿既然是皇帝接见文武百官的地方，所以承明殿里文武百官，群英荟萃。

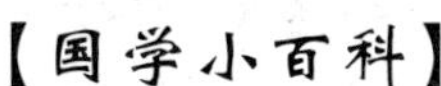

三坟五典

《三坟》《五典》是中国先夏时期非常著名的著作，它们是中华民族最古老的典籍。据说是孔子撰写的《尚书序》则称“伏牺（羲）、神农、黄帝之书，谓之《三坟》，言大道也。少昊、颛顼、帝喾、唐（尧）、虞（舜）之书，谓之《五典》，言常道也。”

《三坟》里的“坟”字，是指当时的图书载体和文字载体是用土制成的，它可能是一种类似两河流域的泥版，也可能是陶版（包括陶制器皿）。从广义的角度来说，土也包括石头，因此《三坟》之书，也可能采用石板载体。

“典”的原义是指一种陈列或安置在桌几上的具有重要意义的文书，它的作用相当于公告牌、公约板、神谕碑、法规文书和行为规范告示。它可能是从契约演化来的，即把小巧的便于收藏的契约大型化、公开化、庄严化，其材质可以是木板、竹板、石板或金属材料，也可能是皮革、丝帛（附着在硬质材料上）。此外，典可能也是鼎（铸有重要文字）的前身或雏形。

【相关链接】

袁枚卖弄文采

乾隆年间，诗人袁枚买下了南京的随园，重新装修以后住在里面。他在随园门口挂了一副对联。上联：此地有崇山峻岭茂林修竹；下联：斯人读三坟五典八索九丘。

当时有一位才子赵翼，他曾说“书到今生读已迟”。赵翼看到了袁枚的这副对联，很不服气。心想三坟五典早已绝迹，孔老夫子都未必读过，你袁枚口气也太大了！于是拿了自己的名帖来访袁枚。

刚好袁枚不在家，管家很客气地招待赵翼，赵翼说自己来求借三坟五典。袁枚回来听说此事，知道赵翼是来找麻烦的，赶快叫人把门口的对联摘了。

杜稿钟隶，漆书壁经

【译文】

书殿中有杜度的草书、钟繇的隶书，还有漆写的古籍和孔壁中的经典。

【注释】

①杜稿：汉朝杜稿的草书。古时凡作文稿多用草书，古称草书为稿。

②钟隶：汉朝钟繇的隶书。

③漆书：古人无墨，以漆写在竹简之上，称漆书。

④壁经：从孔子旧宅中发现的图书。

【评解】

这两句话描述的是广内殿储藏的古玩字画，应有尽有。

汉朝有一个叫杜度的人善写草书，杜度草书的手稿，就是杜稿。

三国时代的钟繇，写隶书是天下第一的，他的隶书真迹，就是钟隶。

漆书是在上古时期，笔墨都还没有出现以前，用树脂漆书写在竹简上的大头小尾的文字，现代称为“蝌蚪文”。

壁经是指在孔子旧宅墙壁中所藏的经卷。

【国学小百科】

楷书的兴起

楷书源于东汉，又称“正书”或“真书”。特点是形体方正，笔画平直，可以用来楷模，所以得名“楷书”。楷书的名家很多，如“欧体”（欧阳询）、“虞体”（虞世南）、“颜体”（颜真卿）、“柳体”（柳公权）、“赵体”（赵孟頫）等。

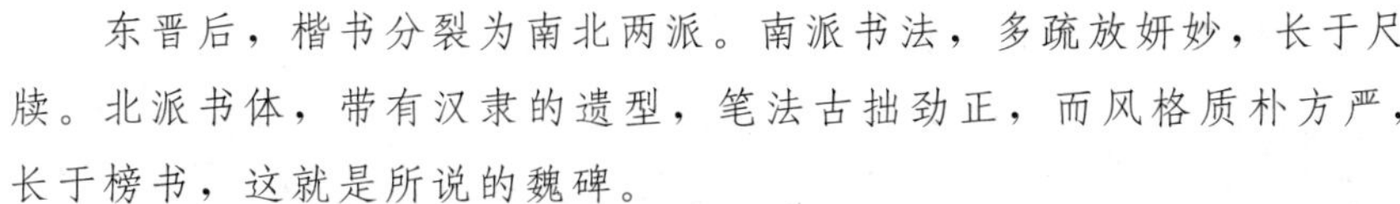

东晋后，楷书分裂为南北两派。南派书法，多疏放妍妙，长于尺牍。北派书体，带有汉隶的遗型，笔法古拙劲正，而风格质朴方严，长于榜书，这就是所说的魏碑。

楷书兴盛于唐朝，书体成熟，名家辈出，唐初的虞世南、欧阳询、褚遂良、中唐的颜真卿、晚唐的柳公权，其楷书作品均为后世所重，奉为习字的模范。

【相关链接】

王羲之练字

王羲之

有“书圣”美誉的王羲之，天资并不是十分聪颖，但是自七岁师从卫夫人学习书法，他就坚持苦练，持之以恒，从不懈怠。

相传他即便在休息的时候，也在揣摩字体的结构、间架和气势，边想边用手在衣襟上勾勾画画，时间一久，把衣襟都划破了。

王羲之常在家中的一个水池边习字，从池里取水研墨、洗笔和刷砚。长年累月下来，竟使一池清水为之变黑。在今王羲之故宅仍有“墨池”遗迹，而“临池”也成为习字的一个代称。

府罗将相，路侠槐卿

【译文】

宫廷内将相依次排成两列，宫廷外大夫公卿夹道站立。

【注释】

①侠：通“夹”，指两侧站立。
②槐卿：公卿。

【评解】

这两句描述宫殿上群臣朝贺，济济一堂的盛况。

“府”是聚集的意思，例如将国家的仓库叫作府库。朝廷里面，文武百官，群英荟萃。“侠”是“夹”的通假字，就是夹道欢迎的夹字。

“槐卿”指代官员。意思是说朝廷的外面，道路两旁站立的都是三公九卿。意思是说，承明殿里面聚集了文武百官、公卿将相。

【国学小百科】

三槐九卿

三槐就是三公，代表国家最尊贵的三个职位。槐树是古代的祥瑞之树，生命力顽强，能生存数千年，而且不怕旱涝、不畏寒暑，槐树历来是中国的国树，称为国槐。故用来借指三公。

每个朝代，对三公的称谓都不同，秦汉以前，将太师、太傅、太保叫作三公。西汉的三公是大司徒、大司马、大司空。这三公都是宰相，都有实权，大司马掌管全国的兵马，相当于国防部长；大司徒专门管钱、管人，相当于丞相；大司空主管国家的基本建设。

九卿是指奉常、郎中令、卫尉、太仆、廷尉、典客、宗政、治粟内史、少府，共九个职位。九卿是秦汉时代中央政府的行政长官。九卿中只有三卿主管国家的行政事务，其余的六卿则负责皇帝的私人事务。廷尉又称大理，是全国最高法官；典客又称大鸿胪（lú），主管少数民族和外交事务；治粟内史又称大司农，主管全国的租税赋役。九卿中的少府是宫廷总管，下设属官尚书。由于朝廷事务名目繁多，所以尚书扩大为尚书省，从隋朝开始尚书省下设六部，也就是直到清朝都沿用的吏、户、礼、兵、刑、工六部。六部的正部长称尚书，副部长称侍郎。

【相关链接】

解缙上朝

明朝时有个著名的大臣叫解缙，他特别聪明，虽然个子矮，但才学高，出口成章，一肚子都是计，所以人们又叫他“矮计”。

当时的皇帝最喜欢解缙，一天看不见他，心里就难受，每当皇帝宣他上殿，他总有意左穿右钻，老半天才出来。皇帝说解缙你怎么搞的，老不见你，叫你时又半天才钻出来，解缙跪奏：“启禀皇上，我个子小，文武百官把我遮住了，我有什么办法呢？要是让我一个人站在一边就好啦，皇上也就随时可以看到我啦。”

皇帝听后，说道：“就依你，让你一个人站一边。”从此，凡是上朝，文武百官站一边，矮计一个人占一边。

户封八县，家给千兵

【译文】

他们每户有八县之广的封地，配备成千以上的士兵。

【注释】

①封：册封。

【评解】

这两句介绍朝中臣子加官晋爵，领享国家俸禄。每户的封地都有八个县那么大，每家的亲兵卫队都有千人以上。这里的“八”和“千”代指其多，不是数量词。

封是分封土地，即帝王把爵位及土地赐给王室成员和有功的臣子。给是配给、供给的意思，国家对有功勋的重臣，配以护卫的兵卒，类似现代首长家中的警卫人员。

【国学小百科】

丹书铁券——古代的勋章

丹书铁券（简称“铁券”，民间俗称“免死牌”）是古代封建帝王颁发给有功之臣的勋章，是一种带有奖赏和盟约性质的凭证。“铁券”上的信词最初时用丹砂填字，故称“丹书铁券”。

我国古代“丹书铁券”制度始于汉代。据史料载，汉高祖刘邦夺取政权后，为巩固统治，笼络功臣，颁给元勋“丹书铁券”作为褒奖。南朝的宋、齐、梁、陈四代，颁发“铁券”已较为普遍。隋唐以后，颁发“铁券”已成常制，到宋、元、明时期，“铁券”颁赐逐渐趋于完备。

【相关链接】

羊祜受封

羊祜是历史上因功高劳苦而受封地最多的臣子。他是西晋著名的军事家、战略家，出身于汉魏名门士族之家，曾做过晋武帝司马炎的太傅、征南大将军，是促使西晋灭吴战争胜利的关键人物。

羊祜一生清廉仁慈，所得俸禄全部用来周济族人，奖励将士。羊祜临终前，对子女所嘱咐两件事：一是不得将他的官印入柩；二是修陵寝，只求和他的父母葬在一起。他死后，武帝司马炎亲着孝服，痛哭流涕。

高冠陪辇，驱毂振缨

【译文】

他们戴着高高的官帽，陪着皇帝出游，驾着车马，帽带飘舞着，好不威风。

【注释】

①冠：帽子。

②陪：侍从。

③辇：皇帝的车子。

④毂：车轮。

⑤缨：套马的革带，供驾车用。

【评解】

这两句是介绍古代官员的衣冠华丽，随君出游的景象。

冠是古代贵族男子戴的帽子，古人将长发挽为发髻，再用冠套住，不像后世的帽子将整个头顶都盖住。为了将冠固定住，冠的两旁就有两条可以在颔下打结的小丝带，叫缨。

辇是会意字，上边两夫下边一车，表示是两个人拉着一辆车。古代的车轮是木制的，车轮的边框叫辋，中心的轴孔叫毂，连接辋和毂的木制轮条叫辐。驱毂就是驾车之意。振是抖动、摇动的意思。总的是说，他们戴着高高的官帽，陪着帝后的车辇出游，车马驰驱，彩饰飘扬。

【国学小百科】

“辇”——古代皇室的“专车”

“辇”是我国古代用人挽拉的辎重车，古代宫中用的一种轻便的人力车也叫辇，秦汉之后，“辇”就专指帝王与后妃专用的车乘。

皇上坐的叫龙辇，皇后坐的叫凤辇。辇辂是指皇帝的车驾，辇毂是指皇帝坐的车子，辇道是指帝王车驾所经的道路，辇路是指天子御驾所经的道路，辇乘是指帝王与后妃专用的车乘，辇御是指皇帝的车舆。

【相关链接】

挑滑车

南宋初年，金兵侵犯江南。岳飞的兵马被金兵围困在牛头山。金兀术知道岳营的兵将骁勇善战，难以取胜，在险要地方暗设铁叶滑车，阻击宋兵冲出山口。高宠奋不顾身，连续挑翻了十一辆滑车，终因力气用尽，被第十二辆滑车撞倒压死了。金兵滑车被破，抵挡不住，仓皇败走，岳飞大获全胜，解除了牛头山的包围。

世禄侈富，车驾肥轻

【译文】

他们的子孙世代领受俸禄，奢侈豪富，出门时轻车肥马，春风得意。

【注释】

①世禄：世代享用国家的俸禄。

②侈富：大富。

【评解】

古代官位是世袭的，只要后代子孙没有违纪犯法，官位没有被削去就可以由子孙世袭。

禄是根据爵位的等级不同，政府予以的配给和补贴。驾是拉车的马，肥轻是肥马轻裘的简称，出自《论语·雍也》篇，孔子说："赤之适齐也，乘肥马，衣轻裘。""肥马轻裘"形容富贵豪华的生活。

【国学小百科】

古代的"俸"与"禄"

古代的俸和禄不是一个概念，俸是薪俸，相当于现代的工资、薪水。禄是配给，相当于现代的福利，只要你有爵位或名分，不干活也有禄给。

例如，清代初期，只要你是满人，就可以每个月领一斗禄米、二吊铜钱，什么也不用干，像新西兰的毛利人一样，坐享福利。

【相关链接】

公仪休为官

战国时期，有个人叫公仪休，博学多才。他担任鲁相以后，规定鲁国一切做官的人，不得经营产业，与民争利。他认为，做官的人，是在大的方面已经得到利益了，民众务农、务工、做生意，是取得一些小利，受大者不得再取小，因此，做官的人是不应该兼做生意的。

为此，公仪休身体力行。他自家园子里长的冬葵菜，很好吃，他就把这些冬葵菜全拔掉了；他家中的妻子织布自己用，他就把织布机烧了，叫妻子回娘家。他说："如果我们做官的家人都经营产业，农工妇女生产的东西卖给谁呢？"

公仪休此举虽说不近人情，但却也反映了他为官与做人原则立场的坚定。

策功茂实，勒碑刻铭

【译文】

朝廷还详尽确实地记载他们的功德，刻在碑石上流传后世。

【注释】

①策：谋划。
②茂：茂盛。
③勒：刻。
④铭：铭文。

【评解】

这两句是解释上面所提到的高官厚禄、肥马轻裘的原因，原因就是这些将相公卿都有文治武功，而且这些功绩都是既丰厚又真实。这些人的文治武功既多又实，所以才有如此好的待遇。

不仅如此，还要为他们“勒碑刻铭”，勒碑即刻碑，勒是摹勒的简称，白板素碑的碑面先要以朱砂摹勒上石，然后才能镌刻。铭即记载功德的文字。

【国学小百科】

古代的碑刻

我国刻碑的历史最早可追溯到西汉时期，汉朝以前是在石头上刻字的。战国时期有镌刻在石鼓上的文字，还有石柱文。刻铭是在青铜器上刻字，现存的有盘铭文、钟鼎文，都是青铜器上的篆字。

古代人刻碑时先在白板素碑的碑面以朱砂摹勒上石，然后才镌刻。可以请人将碑文直接用朱砂笔摹写到碑面上，或者在碑文纸的背面用双勾法，即用朱砂笔勾勒出空心字形，再把碑文纸正面扣在碑面上，上面垫上若干层棉纸用石头慢慢地研磨，空心的朱砂字就印在石碑上了，然后再用凿子镌刻。

【相关链接】

武则天与无字碑

在我国封建帝王的历史上，很多帝王都有自己的功绩碑。而我国历史上唯一一位女皇武则天墓的无字碑却像谜一样令人费解。武则天的这个无字碑还颇有一段来历。公元 704 年年底，武则天 81 岁高龄了，已卧病在床。她在养病的几个月里不召见宰相，只让几个宠臣左右朝政。后来，宰相张柬之设计杀死武则天宠臣，迫使武则天让位，拥立太子李显即帝位，是为唐中宗。

公元 705 年初的一天，中宗命武则天搬到洛阳宫城西南的上阳宫，还封了她一个尊号“则天大圣皇帝”。该年冬天，82 岁的武则天死于这里。武则天临终时立下了遗嘱，包括去掉帝号，称“则天大圣皇后”，葬在乾陵。中宗不允许她与高宗合葬，只允许为她立碑，不允许立传，这就是武则天无字碑的来历。

磻溪伊尹，佐时阿衡

【译文】

周文王磻溪遇吕尚，尊他为“太公望”；伊尹辅佐时政，商汤王封他为“阿衡”。

【注释】

①磻溪：姜太公曾钓鱼于此，遇周文王。
②伊尹：商朝帝王成汤的宰相。
③佐时：辅佐当朝帝王。
④阿衡：伊尹的官名，泛指宰相。

【评解】

磻溪是在渭水河畔（在今陕西宝鸡附近）的一个溪潭，水旁有一块大石头（磻），相传姜太公曾坐在上面钓鱼。

周文王精通《易经》，曾著过《周易》。一日，文王要出外狩猎，他就先卜了一卦。结果显示：此次狩猎的猎物不是野兽，而是独霸天下的辅臣。果然在渭水遇到姜子牙，两人相谈甚欢，于是周文王称姜子牙为“太公望”，立为国师。

伊尹是商朝的开国功臣，曾辅佐成汤灭了夏桀，开创了殷商六百载的天下。商朝宰相之位的官名叫作阿衡，如《诗经·商颂·长发》中有诗曰：“寔维阿衡，左右商王。”因为伊尹适时地辅佐成汤建立了商朝，所以称他为“佐时阿衡”。

【国学小百科】

武王伐纣

姜太公“渭水垂钓”被周文王拜为宰相，姜太公给文王制定了“修德以倾商政”战略。这样就有四十多国先后归顺了周。到周文王晚年，“天下三分，其二归周”，完成了对商的战略性包围。

文王死后，武王继位，姜太公辅佐武王伐纣。武王在出师前卜卦，卦面不吉利，偏又赶上暴风雨，诸侯们都很恐惧。吕尚却认为，决定大事不能靠占卜，应抓住战机立即出兵。结果大获全胜，商朝被灭。武王占领殷都后，把纣王存放在鹿台的钱和储藏在钜桥的粮食散发给穷苦的百姓，并且为商朝的忠臣比干的墓加土，还释放了被纣王囚禁的箕子，从而深得民心。

【相关链接】

姜太公钓鱼

姜尚，字子牙，是东方夷人。他的祖先曾协助大禹治水有功，被封于吕，他以地为姓，故又称吕尚。姜子牙是一位很有才能、很有抱负的人。但在纣王的统治下，他怀才不遇，后来听说西伯侯文王姬昌思贤若渴，便来到陕西岐山脚下的渭水河边，那时他已八十七岁了。他坐在磻石上用直钩钓鱼，不但不用鱼饵，鱼钩还悬在水面上三寸。有人问他这样能否钓到鱼，他回答说愿者上钩。

奄宅曲阜，微旦孰营

【译文】

周成王占领了曲阜一带，要不是周公旦辅政，哪里能行？

【注释】

①奄宅：占领，居住。
②微：没有。
③孰：谁。
④营：管理。

【评解】

“奄宅曲阜”的意思是说，取得曲阜这样的居住地，作为安身之地、食邑之所。奄是占领、统治的意思。宅是动词，居住的意思。

曲阜就是今天山东省曲阜市，古代鲁国的都邑。旦指周公姬旦，“微旦孰营”是一个设问句，意思是：除了周公旦，还有谁人有资格得到这样的封地呢？

【国学小百科】

圣人摇篮——曲阜

历史上，曲阜曾经是神农氏的故都、黄帝的出生地、少昊氏之墟、商殷故国、周公旦的封地、孔子的故乡，迄今已有 5000 多年的历史了。

中国的传统文化实质上就是周代的文化，周公整理了周以前的文化，在此基础上发展并形成了周文化，也为后世的儒家学说奠定了基础。周公是历史上第一位集中国文化之大成者。

孔子也出生在曲阜，他继承了中国文化的血脉传承，又一次整理中国文化，去粗取精，去伪存真，所以孔子是第二位集中国文化之大成者。几代圣人的足迹都留在这里。

【相关链接】

高瞻远瞩的周公旦

周成王为大臣封地，把周公旦封在鲁地。由于当时的成王幼小需要辅政，周公旦脱不开身，就由其子伯禽代替周公旦受封于鲁国。伯禽临行前，周公旦嘱咐儿子要善待子民。

伯禽到任三年以后才来向父亲汇报工作，周公旦问："你怎么这么久才来报政?"伯禽说："我要改变那里的风俗，实施礼仪，还要服三年的丧礼，所以晚了。"而同时封在齐国的姜太公五个月就回来汇报了。周公旦问："你怎么这么快就来报政了?"太公回答："我适应那里的风俗，革除不必要的礼仪，精兵简政，所以来得快。"周公旦将齐鲁两国的情形一对比，叹了一口气，说："呜呼，鲁后世其北面事齐矣！夫政不简不易，民不有近；平易近民，民必归之。"

周公旦

桓公匡合，济弱扶倾

【译文】

齐桓公九次会合诸侯，出兵援助势单力薄和面临危亡的诸侯小国。

【注释】

①桓公：指齐桓公。
②匡：正。
③倾：危险。

【评解】

这里讲述齐桓公与诸侯会盟，成就伟业的事迹。齐桓公姓姜，名小白，用管仲当宰相发展经济，富国强兵。齐国临海，于是就晒盐捕鱼，又发展商业，使齐国成为第一经济强国。

诸侯联盟的目的是什么呢？就是“济弱扶倾”，要帮助救济弱小的国家，要扶植将要倾覆的周王室。周朝到了末期已经名存实亡了，虽然如此，这杆大旗还是要举着，所以要扶倾。

【国学小百科】

春秋五霸

春秋时代是从公元前770年到前476年的时期。在这290多年里，社会动荡，群雄纷争，战火不断，据鲁史《春秋》记载的大小战役就有480余次。

司马迁曾说，春秋之中，弑君三十六，亡国五十二，诸侯奔走不得保其社稷者，不可胜数。相传春秋初期诸侯列国140多个，经过连年兼并，到后来只剩较大的几个。这些大国之间还互相攻伐，争夺霸权。

历史上把先后称霸的五个诸侯叫作“春秋五霸”。“五霸”是指齐桓公、宋襄公、晋文公、秦穆公和楚庄王。

【相关链接】

一箭之仇

春秋时期，公孙无知杀齐襄公，自立为君。次年，无知又被人所害。一时间齐国无君，一片混乱。

齐桓公

在莒国的齐国公子小白和在鲁国的公子纠闻之此事，都想赶回齐国继承王位。公子纠的师傅管仲带兵堵截住莒国到齐国的路，管仲一箭射中小白带钩，小白假装倒地而死。公子纠以为小白已死，于是放慢行程。

而小白日夜兼程，终于早一步赶回齐国即位，即齐桓公。但是，齐桓公并未记恨管仲，反而重用了管仲为相。

绮回汉惠，说感武丁

【译文】

汉惠帝做太子时靠绮里季才幸免废黜，商君武丁感梦而得贤相傅说。

【注释】

①绮：绮里季，“商山四皓”之一的隐士。

②说：傅说，殷高祖武丁的宰相。

【评解】

秦朝末期，天下大乱，绮里季、东园公、夏黄公、用里先生四位德高望重的贤士，为避乱世隐居在商山，所以人称商山四皓。

刘邦想废掉太子刘盈，改立戚夫人生的儿子如意为太子。吕后采纳张良之计，请出商山四皓与太子刘盈同游。刘邦看到后，说："羽翼已成，难以动矣"。于是就打消了换立太子的念头，刘盈才保住了太子位。刘邦死后，刘盈登基，即汉惠帝。

傅说是继伊尹之后，商朝第二位奴隶出身的贤臣。武丁是商朝第二十二位君主，在位 59 年。他很想重用傅说，但是碍于傅说的奴隶身份无法实现。最后，武丁假借托梦之说，拜傅说为相，辅佐国政，使商朝达到鼎盛。

【国学小百科】

商山四皓

秦朝末年，天下动乱，战火不断。东园公、夏黄公、绮里季、用里先生四人修道洁己，非义不动，深痛于秦之暴政，为躲避尘世纷争，隐居在了商山（今陕西省商洛山）中。

他们四人都年过八十，头发、胡须斑白，所以人们称他们为"商山四皓"，"皓"，即皓首，白发苍苍之意。

【相关链接】

一人得道，鸡犬升天

刘安是汉朝的淮南王。传说他不理政事，只爱寻求仙丹灵药。他逢人便说："有了仙丹就可以长生不老！"

刘安派人进山访仙，果然，他从仙翁手里得到了一张仙方。他把自己关进暗房里，炼起仙丹来。八卦炉里炼出十颗圆滚滚的仙丹，他一口气吞下 5 颗。没等吞下另几颗，他已飘飘悠悠飞上天去！剩下的仙丹，让门外的鸡犬抢着吃了。空中一阵鸡鸣狗叫，原来它们也上天成仙了！

“一人得道，鸡犬升天”是对一人做官，全家享福的生动讽喻。

俊乂密勿，多士寔宁

【译文】

能人治政勤勉努力，全靠许多这样的贤士，国家才富强安宁。

【注释】

①俊乂：乂，音 yì。俊乂，指英杰、有才德的人。
②密勿：勤勉努力。
③寔：音 shí，通“实”，确实，实在。

【评解】

国家正是由于仁人志士的勤勉努力才得以富强安宁。俊乂就是我们今天所称的人才，在古代一百个人里挑出来一个精英叫乂，一千个人里挑一个出来的叫俊。密勿是勤勤恳恳的意思。

“寔”是通假字，既通“实”字，也通“是”字，有兹、此的意思。

“多士寔宁”的意思就是，天下赖此多士以宁，这句话语出《诗经·大雅·文王》：“济济多士，文王以宁。”如此众多的能人志士、英雄豪杰，正是依靠了他们，国家才得以富强安宁。

【国学小百科】

竹林七贤

“竹林七贤”是指三国时魏7位名士的合称，包括魏正始年间（240—249年）嵇康、阮籍、山涛、向秀、刘伶、王戎及阮咸。7人常聚在当时的山阳县（今河南修武一带）竹林之下，肆意酣畅，故世谓竹林七贤。

7人的政治思想和生活态度不同于建安七子，他们大都“弃经典而尚老庄，蔑礼法而崇放达”。在文章创作上，以阮籍、嵇康为代表。阮籍的《咏怀》诗82首，多以比兴、寄托、象征等手法，隐晦曲折地揭露最高统治集团的罪恶，讽刺虚伪的礼法之士，表现了诗人在政治恐怖下的苦闷情绪。嵇康的《与山巨源绝交书》，以老庄崇尚自然的论点，说明自己的本性不堪出仕，文章颇负盛名。其他如阮籍的《大人先生传》、刘伶的《酒德颂》、向秀的《思旧赋》等，也是可读的作品。《隋书·经籍志》著录山涛有集5卷，已佚。

在政治上，竹林七贤的不合作态度为司马朝廷所不容，最后分崩离析：阮籍、刘伶、嵇康对司马朝廷不合作，嵇康被杀害；王戎、山涛则投靠司马朝廷，竹林七贤最后各散东西。

【相关链接】

燕骏千金招贤

战国时，燕昭王即位后，为使燕国强盛，急于招揽人才，于是请教郭隗。郭隗说：“你要招贤，先从我开始；你把我当贤人尊重，比我贤的人就会找你来了。”郭隗还以马为喻，说古代君王悬赏千金买千里马，三年后得一死马，用五百金买下马骨，于是不到一年，得到三匹千里马。

燕昭王十分赞同他的建议，于是给他建了宫室曰金台，堂号为“尊贤堂”，并把他当作老师来尊重。结果乐毅、邹衍、剧辛及其他有才能的人皆来归附燕国，燕国因此强大起来。

晋楚更霸，赵魏困横

【译文】

春秋时期晋文公、楚庄王先后称霸，战国时期赵、魏两国因连横而受困于秦。

【注释】

①更：更替。

②困：受困。

③横：连横。战国时，苏秦游说六国联合抗秦，史称“合纵”。张仪主张拆散合纵，使六国一个个服从秦国，史称“连横”。

【评解】

“晋楚更霸”是指公元前632年，晋楚两国为夺霸主地位在城濮大战，楚国战败，晋文公当上了霸主。

公元前597年，楚庄王率领大军攻打郑国，晋国派兵救郑，在邲地（今河南郑州市东）与楚国大战，晋国惨败。公元前594年冬，楚鲁蔡秦等十四国在蜀（今山东泰安西）开会结盟，正式推举楚国主盟，楚庄王遂成为称雄中原的霸主。

“赵魏受困”是指战国时期著名的说客苏秦、张仪所实行的合纵和连横的策略。苏秦提出“合纵”战略，就是六国联合起来共同防御秦国，合纵的结果是“秦人恐惧，不敢窥兵于关中，天下不交兵者二十有九年”（《战国策》）。

后来，秦惠文王重用了主张连横破纵之策的张仪。张仪游说六国，分别与秦签订了互不侵犯条约，苏秦的“合纵”就被拆散了。秦国随之采取远交近攻、各个击破的策略，首先打击赵、魏，因为赵魏距离秦国最近，所以说是“赵魏困横”。秦国逐一灭了六国，统一天下。

【国学小百科】

百家争鸣

春秋战国是社会大变革时期，产生了各种思想流派，如儒、法、道、墨等，他们著书讲学，互相论战，出现了学术上的繁荣景象，后世称为百家争鸣。

这一时期出现了“诸子百家”，主要有儒家、墨家、道家和法家，其次有阴阳家、杂家、名家、纵横家、兵家、小说家等。后人把小说家以外的九家，又称为“九流”。“十家九流”就是从这里来的。

“百家争鸣”的出现是当时社会激烈和复杂的政治斗争在思想上的大反映，而这主要是新兴地主阶级和没落奴隶主之间的阶级斗争。这个时期的文化思想，奠定了整个封建时代文化的基础，对中国古代文化有着非常深刻的影响。

【相关链接】

不鸣则已，一鸣惊人

战国时代的齐威王即位后，每天饮酒作乐。执政三年国家政治混乱，邻近的魏国也常派兵攻打。

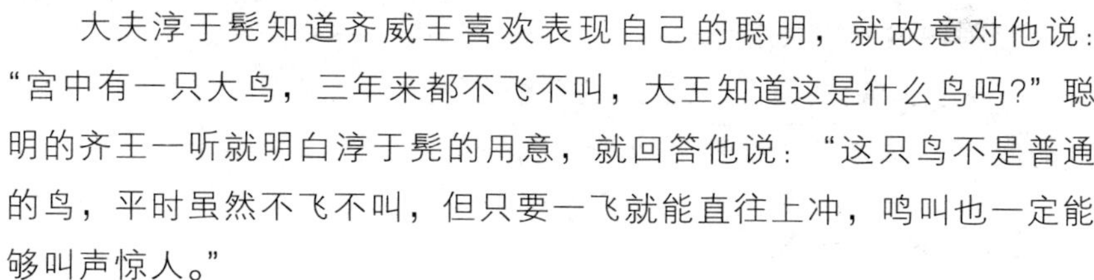

大夫淳于髡知道齐威王喜欢表现自己的聪明，就故意对他说：“宫中有一只大鸟，三年来都不飞不叫，大王知道这是什么鸟吗?”聪明的齐王一听就明白淳于髡的用意，就回答他说：“这只鸟不是普通的鸟，平时虽然不飞不叫，但只要一飞就能直往上冲，鸣叫也一定能够叫声惊人。”

于是，齐威王开始整顿国家，惩治贪官，奖赏提升清廉有才能的官员，加强军队力量，国家日渐强大。齐威王还出兵反击魏国的侵略，使魏国割地求和。其他国家也畏惧齐国势力，不敢再来侵犯。

假途灭虢，践土会盟

【译文】

晋献公向虞国借路去消灭虢（guó）国；晋文公在践土与诸侯会盟，被推为盟主。

【注释】

①假：借。

②会：会合诸侯。

③盟：誓约。

【评解】

“假途灭虢”是指晋献公借口攻打虢国，要借道虞国。结果，晋献公灭掉了虢国，然后回兵时又灭掉了虞国，晋献公一举消灭了两个国家，扩张了晋国的版图，国力大增。

“践土会盟”的故事发生在晋文公时期，晋文公任用贤良，整顿政治，发展经济，使晋国的国势日渐强盛。他效法齐桓公的尊王政策，于公元前636年平定了周王室的内乱，使自己名声大振。

晋文公通过城濮大战打败楚国，晋国打败楚国的消息传到周都洛邑，周襄王和大臣都认为晋文公立了大功，周襄王还亲自到践土（今河南原阳西南）慰劳晋军。

晋文公趁此机会，在践土召集诸侯会盟。就这样，晋文公凭借自己的实力，继齐桓公之后，成为五霸的第二位。

【国学小百科】

古人的盟誓

盟是会意字，下面是“皿”，意为接血的盘盂，上面是“日”“月”两字，表示天地在上，日月为鉴，发誓明志结盟的意思。今天河南省荥阳市西北还有一个践土台，就是当年践土会盟的遗址。

古人是歃血为盟，歃血是在盟会时，滴血在酒水之中，一饮而尽，表示诚意。出自《史记·平原君虞卿列传》：“毛遂谓楚王之左右曰：‘取鸡狗马之血来。’毛遂奉铜槃而跪进之楚王，曰：‘王当歃血而定从，次者吾君，次者遂。’”以后发展成在嘴唇涂上牲畜的血。

【相关链接】

退避三舍

春秋时期，晋献公听信谗言，杀了太子申生，又派人捉拿申生的弟弟重耳。重耳逃出了晋国，来到楚国。楚成王认为重耳日后必有大作为，就待他如上宾。

一天，楚王设宴招待重耳。席间楚王问重耳日后如何报答自己，重耳说："珠宝丝绸、珍禽异兽、象牙兽皮，您都应有尽有，更是楚国的盛产。要是托您的福，我能回国当政。假如有一天，晋楚国之间发生战争，我一定命令军队先退避三舍（一舍等于三十里）。"

四年后，重耳得以返回晋国，当了国君，他就是历史上闻名的晋文公。晋国在他的治理下日益强大。公元前633年，晋楚两军在城濮（今山东鄄城西南）大战。晋文公下令退避三舍，以守当年流亡楚国时的诺言。楚军见晋军后退，以为对方害怕了，马上追击。晋军利用楚军骄傲轻敌的弱点，集中兵力，大破楚军，取得了城濮之战的胜利。

何遵约法，韩弊烦刑

【译文】

萧何遵循简约刑法的精神制订九律，韩非却受困于自己所主张的严酷刑法。

【注释】

①何：萧何，汉高祖的丞相。

②韩：韩非子。

③弊：受困。

④烦：严苛。

【评解】

萧何是汉初三杰之一，是中国古代杰出的政治家和治国良相，曾与张良、韩信、陈平等人一起辅佐刘邦战胜了楚霸王项羽，建立了汉朝。萧何遵循简约的原则，制定了汉律九章，故称"何遵约法"。

韩非子是战国时期法家的代表人物，刑名学派的大家，韩非子最终死在自己制定的烦苛刑法之下，司马迁说他“明知游说帝王之难，还写了部《说难》的专著，但他本人却逃脱不了游说君主的灾祸”，所以称为“韩弊烦刑”。弊就是自弊，自己倒毙、死亡的意思。

【国学小百科】

中国古代法律的特点

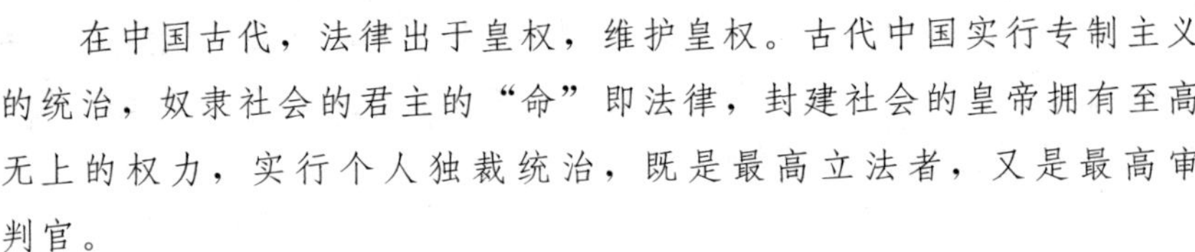

在中国古代，法律出于皇权，维护皇权。古代中国实行专制主义的统治，奴隶社会的君主的“命”即法律，封建社会的皇帝拥有至高无上的权力，实行个人独裁统治，既是最高立法者，又是最高审判官。

历代法律都以皇帝个人意志的形式表现出来。法律的制定虽由朝臣具体完成，但批准权属于皇帝，历代帝王都凌驾于法律之上。除法律外，皇帝还可根据需要随时发布诏、令、格、式等。“法自君出”进一步巩固和强化了皇权。

古代法律还有一个显著的特点，就是以儒家思想为理论基础的礼法结合。在中国古代法律中，礼占有重要位置，“为政先礼，礼为政本”。另外，中国古代法律制度具有浓厚的宗法伦理色彩，与宗法等级制度紧密地结合在一起，一般表现在以下几个方面：

1. 国家政权、王权、皇权和族权、父权、夫权的高度统一。

2. 法律制度贯彻礼刑并用、“德主刑辅”的原则，突出体现“礼治”“德治”“人治”特色。

3. 法律体系采取诸法合体、以刑为主的体例模式。

4. 民事、经济、行政等各部门的法律关系常常以刑事法律规范进行调整或制裁。

5. 刑罚制度相当野蛮残酷，刑罚体系包含大量摧残人身体肤或生理功能的肉刑内容。

【相关链接】

韩非之死

法家学派的创始人韩非，本是韩国的贵族子弟，有口吃的毛病，不善于讲话，却擅长于著书立说。他和李斯都是荀子的学生，李斯自认不如韩非。

韩非看到韩国渐渐衰弱下去，屡次上书韩王，无奈韩王不纳。韩国灭亡后，韩非来到了秦国。秦始皇与他日夜长谈，非常喜欢他。秦朝制定和实施的各项政策，在很大程度上是根据韩非子的理论制定的。

李斯、姚贾等人因嫉妒而毁谤韩非说："韩非本是韩国的贵族后裔。现在大王要吞并六国，韩非到头来还是要帮助韩国的。如果大王不用他，再放他回去，这是自种祸根啊，不如以过法诛之！给他随便加个罪名，处死算了。"

秦始皇听信其言，把韩非投入大牢。李斯趁机给韩非送去了毒药，叫他自杀。韩非想要当面向秦王述说是非，又见不到。韩非悲愤交加，在狱中服毒自尽而亡。秦王下令后即悔，马上派人去赦免他，可惜韩非已经死了。

起翦颇牧，用军最精

【译文】

秦将白起、王翦，赵将廉颇、李牧，带兵打仗最为高明。

【注释】

①起翦颇牧：起，白起；翦，王翦；颇，廉颇；牧，李牧。

②精：精通。

【评解】

白起、王翦、廉颇、李牧四位大将不仅是战国时期的四大名将，也是中国历史上著名的四大名将。其中，白起、王翦是秦国的名将，廉颇、李牧是赵国的名将。

“用军最精”是讲这四位名将，擅长用兵，作战英勇，屡战屡胜，可以称得上是“战神”。

【国学小百科】

战国四大名将

战国四大名将分别是白起、王翦、廉颇、李牧。战国始于公元前475年，结束于公元前221年秦王政统一中国，在此274年中杰出的将领层出不穷，但在期间最为有名的要属战国这四位名将。

在这四人当中最为世人所崇拜和推崇的当为白起。白起（？—前258年），又名公孙起，战国时期秦国眉县（今陕西眉县东北）人，是我国历史上伟大的军事家。白起一生争战达37年，攻取城池70余座，杀敌百万，未逢一败，被称为“军神”。

王翦（？—前212年），频阳东乡（今陕西铜川）人。王翦一生不仅战功显赫，更重要的是能保全自己，更显示出他的智慧。

廉颇，生卒年不详。主要活动在赵惠文王（前298—前266年）、赵孝成王（前266—前245年）、赵悼襄王（前245—前236年）时期。廉颇不为赵王所重用，又至楚为将，郁郁不得志，卒于楚寿春。

李牧的生平活动可划分为两个时期：前期在赵国北部抗击匈奴，后期在朝中参与军政，抵御秦国。李牧是我国历史上第一位抗击匈奴的中原将领。公元前299年，秦国使用离间计使赵王将其杀害。

【相关链接】

白起助秦统一六国

白起是秦国眉县（今陕西眉县东）人，是战国第一名将。他十六岁从军，一生戎马，从无败绩，在秦朝统一六国的过程中起着举足轻重的作用，后受封武安君。

白起一生共歼灭六国军队约 165 万人，故六国之兵闻白起之名而胆寒。据梁启超的说法，战国时代在战场上的直接死亡人数，有 200 万人左右。白起一个人领兵就屠杀了 165 万人，可以想象他率军打仗有多么凶猛。

宣威沙漠，驰誉丹青

【译文】

他们的声威远传到沙漠边地，美誉和画像一起流芳后代。

【注释】

①宣威：威名远扬。
②沙漠：指边远少数民族地区。
③驰誉：流传美名。
④丹青：指史籍。

【评解】

“宣威沙漠”是说，上文所述四位将军精通谋略，带兵高明，用兵精当，他们的威名远播到沙漠边地，连塞北的胡人也敬佩不已。他们的肖像被画师用丹青妙笔画下来，永垂青史，就是“驰誉丹青”。

丹青本是作画用的颜色，此处有载入历史画卷的意思，因为汉朝有为功臣画像立卷的习俗，例如汉宣帝时将有功之臣的画像藏于麒麟阁，汉明帝时将这类画像藏于云台。

【国学小百科】

麒麟阁——古代纪念堂

汉武帝于未央宫建麒麟阁，主要用于珍藏历代记载资料和秘密历史文件。后来汉建帝为表彰功臣，将历代对汉有功的功臣画像存放于麒麟阁。

如果把龙作为帝王象征的话，麒麟就象征辅佐帝王的将相功臣。麒麟是中国古代神话传说中的神兽，据说能活两千年。雄的名麒，雌的名麟，合称麒麟。

麒麟性情温和，不伤人畜，不践踏花草，故称为“仁兽”“瑞兽”。《十二国记》中王是统治国家的人，而麒麟则是上天派来的使者。麒麟挑选出适合的王并辅佐王治理国家。

【相关链接】

戍边名将李牧

李牧是赵国名将，常年戍守边境，驻守雁门关，防备匈奴。为免除匈奴对赵国边民的袭扰，他廉洁奉公，“市租皆输入幕府，为士卒费”，因而深得士兵的拥护。同时，坚持慎重防守的方针，凭长城之险，加强战备。“习射骑，谨烽火，多间谍”，使匈奴数年一无所得，而赵军则兵强马壮。他选用精兵良马，巧设奇阵，诱敌深入，大破匈奴十余万骑。其后十余年，匈奴不敢寇赵。后人称李牧为“奇才”，并在雁门关建靖边寺，纪念他戍边保民的战功。

九州禹迹，百郡秦并

【译文】

九州处处留有大禹治水的足迹，全国各郡在秦并六国后归于统一。

【注释】

①九州：即冀、兖、青、徐、扬、荆、豫、梁、雍。

②禹迹：大禹的足迹。

【评解】

中国天文学上有“九州分野”的说法，九州代表中国领土。早推至帝喾高辛氏始建九州，舜帝时增至12州，大禹治水以后仍确定为九州（兖冀青徐扬荆豫梁雍），并铸九鼎，以永定九州。大禹治水有功，同时也是一位开明的君主。“九州禹迹”是说，中国九州之内都留下了大禹治水的足迹。

秦始皇统一中国以后，将分天下为36郡，刘邦建立汉朝以后又将天下分为103郡，取个整数说，就是百郡。汉朝的百郡是在秦灭六国、并土地的基础上而来的，所以叫作“百郡秦并”。

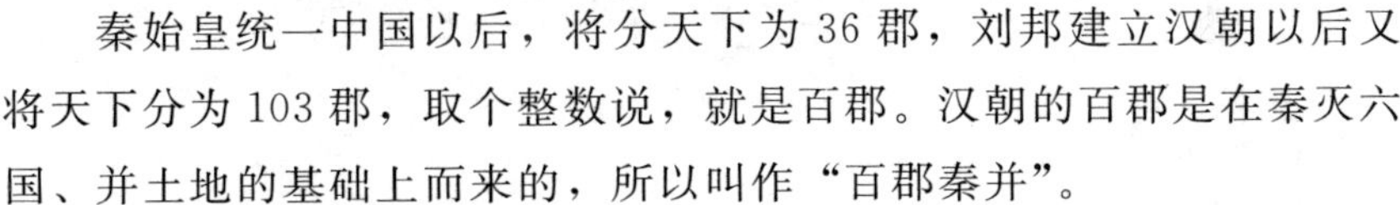

【国学小百科】

大禹丈量国土

大禹治水成功后，首次开始丈量中国的广袤土地。他派使臣大章从中国的极东（辽左）至极西（流沙），用脚步测量，得到的结果是中国东西共计2亿33500里零75步。又派使臣竖亥自极北（沙漠）至极南（海表）步量，中国南北共计2亿30500里零71步。

这里需要说明的是，上古时代十进制的数字概念与今天不同，上古是十十为百，十百为千，十千为万，十万为亿，十亿为兆，兆就是十进制最大的数了。今天以万万为亿，古今数字概念不同。

【相关链接】

秦始皇统一六国

战国后期，秦国成为七国中实力最强的国家，通过战争，不断兼并东方邻国的土地。赵国是东方的一个强国。秦军向东进攻，赵王派老将廉颇驻守长平。秦、赵之间发生了空前激烈的长平之战。

秦军不断挑战，廉颇坚守不出，双方长期相持。秦军散布廉颇降秦的谣言，赵王果然上当，派赵括代替廉颇。赵括只会纸上谈兵，没有实战经验，轻敌出击。秦将白起用伏兵计将赵军包围，并截断了赵军的粮道。赵军被困 46 天，粮尽援绝，拼死突围。赵括被射死，赵军 40 多万人向秦军投降，绝大部分被害。

公元前 230 年至公元前 221 年，秦王嬴政陆续灭掉东方六国，建立起我国历史上第一个统一的中央集权的封建国家。

岳宗泰岱，禅主云亭

【译文】

五岳中人们最尊崇东岳泰山，历代帝王都在云山和亭山主持禅礼。

【注释】

①岳：指五岳。
②宗：尊。
③岱：泰山的别称。
④禅：筑坛祭天叫“封”，辟场祭地叫“禅”。
⑤云亭：即云山和亭山。

【评解】

这里讲述古代帝王在名山大川中祭祖封禅。

岳指五岳，宗指宗主，五岳的宗主是泰岱。岱是泰山的名字，也叫岱山，因为位于山东泰安州，所以这里称为泰岱，简称泰山。

历代的帝王在政权更替、新君登基的时候，都首先要来泰山举行祭拜天地的封禅大典，举行封禅大典的地方就在泰山、云山和亭山。

祭天的仪式叫作“封”，封都在泰山举行；祭地的仪式叫作“禅”，禅在泰山脚下的云山和亭山举行，所以说“禅主云亭”。

【国学小百科】

五岳名山

古人仰慕巍巍高山，故把位于中原地区东、南、西、北、中的五座大山尊为“五岳”。五岳的说法最早见于道教典范《洞天记》“黄帝画野分州，乃封五岳”一句。

五岳是指东岳泰山，位于山东泰安市；西岳华山，位于陕西华阴市；南岳衡山，位于湖南衡阳市；北岳恒山，位于山西浑源县；中岳嵩山，位于河南登封市。其中，东岳泰山为五岳之首。

五岳名山各有特色，东岳泰山之雄，西岳华山之险，北岳恒山之幽，中岳嵩山之峻，南岳衡山之秀，早已闻名于世界。人们也常形容说“恒山如行，泰山如坐，华山如立，嵩山如卧，唯有南岳独如飞”。

【相关链接】

岳父与老泰山

现在人们把妻子的父亲称为“岳父”“老泰山”，这个说法源于唐朝。

开元年间，唐玄宗封禅泰山，张说任封禅使，全权负责封禅大典的准备和仪式。张说大权在手，就乘机将女婿郑镒的官位，从九品一下子升到了五品。玄宗很奇怪，就问郑镒是怎么回事。郑镒支支吾吾，讲不出口。旁边的人就为他打圆场说：“此泰山之力也”。

玄宗一下子没有听懂，那人就指了指张说。玄宗明白了，说：“原来是岳父老泰山的功劳啊！”此后，老丈人就称为“岳父”，也就是“老泰山”了。

雁门紫塞，鸡田赤城

【译文】

名关有北疆雁门，要塞有万里长城，驿站有边地鸡田，奇山有天台赤城。

【注释】

①雁门：即雁门关。

②紫塞：指长城。

③鸡田：古驿站，在今宁夏灵武一带。

④赤城：县名，今属河北省。

【评解】

这两句描述了祖国的大好河山，名关要塞。

《吕氏春秋》有言："天下九塞，雁门为首"，首屈一指的雄伟关隘是北疆的雁门关。雁门山位于山西代县北境，属北岳恒山山脉。长城西起嘉峪关，东至渤海全长一万二千华里。在西北一段尤为壮观，因西北植被少，地域辽阔，一望无际。其地表又多红土，车马过后腾起的烟尘，在阳光的照耀下红尘滚滚。尘埃中若隐若现的关塞如梦幻一般，故称为"紫塞"。

鸡田是古代西北塞外的地名，那里有中国最著名也最偏僻的古驿站。赤城是山名，是著名的浙江天台山奇峰之一。赤城山高 340 余米，在近郊四面青山中独树一帜，历来被看作天台山的南门和标志。天台又是佛教圣地，著名的智者大师就是天台宗的祖师。

【国学小百科】

古代的邮路系统

古时交通不便，各地通信很困难，中央政府发布的政令、地方报给中央的文书都要靠人马一站一站地送。驿站是古代供传递官府文书和军事情报的人或来往官员途中食宿、换马的场所。

我国是世界上最早建立组织传递信息的国家之一，邮驿历史虽长达 3000 多年，但留存的遗址、文物并不多。在我国已发行的邮票上的两处驿站遗址，均属明代。盂城驿是一处水马驿站，在江苏高邮古城南门外。鸡鸣驿在河北怀来，是我国仅存的一座较完整的驿城。

【相关链接】

昭君出塞

西汉到了汉宣帝时，汉朝又强盛了一段时期。那时北方的匈奴由于内部相互争斗，结果越来越衰落。公元前 54 年，匈奴呼韩邪单于被他哥哥郅支单于打败，南迁至长城外的光禄塞下，同西汉结好，曾三次进长安入朝，并向汉元帝请求和亲。

王昭君原为汉宫宫女，她听说后请求出塞和亲。王昭君到匈奴后，被封为“宁胡阏氏”（阏氏，音焉支，意思是“王后”），象征她将给匈奴带来和平、安宁和兴旺。后来呼韩邪单于在西汉的支持下控制了匈奴全境，从而使匈奴同汉朝和好达半个世纪。

昆池碣石，巨野洞庭

【译文】

赏池赴昆明滇池，观海临河北碣石，看泽去山东巨野，望湖上湖南洞庭。

【注释】

①昆池：昆明滇池。

②碣石：指碣石山。

③巨野：泽名，在山东省巨野县。

④洞庭：湖南省洞庭湖。

【评解】

这两句承接上文继续介绍山河美景。

“昆池”就是云南昆明的滇池，位于云南省昆明市的西南，是我国第六大淡水湖。“碣石”是河北的碣石山，位于昌黎县城北，距避暑胜地北戴河约30公里，自古就是观海胜地。

巨野在山东的巨野县，是著名的水泽，其中水草丛生，鱼虫很多。山东是古代的齐鲁之地，古时有很多这样的水泽、港汊、沼泽之地，像梁山水泊、巨野水泽都在山东。洞庭是洞庭湖，中国第二大淡水湖，跨湘鄂两省，面积为2820平方公里，号称八百里洞庭。

【国学小百科】

记录历史的碣石

碣石山位于河北省昌黎县，主峰是仙台顶，海拔695米，山上有古刹水岩寺，峭壁上有古代镌刻的“碣石”两字。

登临仙台顶，山海奇观尽入眼帘，几公里外的大海上，有两块突出海面的巨石，人称哭倒长城的孟姜女之坟。这里曾出土草云纹瓦当，经鉴定是秦汉时期的观海建筑的遗址，相传秦始皇曾在此入海求仙，而汉武帝也曾“行自泰山，复东巡海上，至碣石”。曹操曾在征伐乌桓回军的路上东临碣石，写下千古名篇《观沧海》，诗曰：“东临碣石，以观沧海”。李世民出临榆关（今山海关）征辽时也曾几次临碣石观沧海，并有诗篇传世。

【相关链接】

观音山的传说

观音山位于滇池西岸中部，距昆明市 30 公里，一座石岬山突兀于滇池。

传说，当年昆阳知县在昆明铸了一尊铜观音，由滇池水路运往昆阳，船行半路，遇狂风巨浪，船不能行，只好靠岸泊舟。三日后，风平浪静，正欲起航，狂风又大作，又待风平后，再欲行舟，浪涛又起……

有人说：观音相中了这块风水胜地！昆阳知县见几次无法行舟，再看这里风光，确是南海普陀胜景，于是把铜观音抬上山建寺供奉，这就是观音山的来历。

民间还传说这一带常常"风波汹涌，舟楫每限于往来"，黔公沐氏命在山上建观音殿，镇滇池风波，从此，山亦称观音山。

洞庭胜景

洞庭湖古称"云梦泽"，跨湘鄂两省，面积 2820 平方公里，号称八百里洞庭。范仲淹在《岳阳楼记》中描述为"衔远山，吞长江，浩浩荡荡，浑天际崖，朝晖夕阳，气象万千"。

与古代相比，洞庭湖的面积虽然缩小了多一半，但还是全国第二大湖，所以才有"洞庭天下水，岳阳天下楼"的说法。洞庭湖是当年三国时吴国都督鲁肃训练水师的地方。湖中有岛名洞庭山，因舜帝的二妃在此泣血染竹，故又名君山。上有二妃墓、秦始皇的封山印、柳毅井和传书亭、吕洞宾的朗吟亭、汉武帝的酒香亭等多处古迹。

旷远绵邈，岩岫杳冥

【译文】

江河源远流长，湖海宽广无边。名山奇谷幽深秀丽，气象万千。

【注释】

①绵邈：遥远。

②岩岫：指山洞。

③杳冥：深远幽暗。

【评解】

这两句对上述描述的美景做了一个总结，我们祖国的疆域辽阔，连绵遥远，山高峻而谷幽深，景致千奇百怪，变化莫测，同时也暗含着赞美中国的历史悠久，人文荟萃，诸子百家，蔚为大观。

旷远是幅员辽阔，没有边际。绵邈是连绵遥远的样子。岩是岩石，代表高山，岫是岩洞、山穴，代表山谷。杳冥是昏暗幽深，不可知不可测，神秘又令人向往。

【国学小百科】

古代的海洋观

海洋问题关系到国家的兴衰，强于世界者必强盛于海洋。“面海而兴，背海而衰”，是世界历史印证的真理。16 世纪以来几经更替的世界强国，无不兴于海；中国近代史的惨痛教训，也是败于海。但是由于封建社会长期实行以农立国为主导的基本政策，使中国古代海洋观逐步形成有限开放性、边缘从属性和守土防御性三大特点。

明清以后，东南沿海地区民间海洋经济迅速兴起，带来海洋观念的深刻变化，但明清封建统治者严厉的海禁政策压抑了民间海洋社会经济生长的势头，扭曲了海洋观念的正常发展，鸦片战争的失败从反面唤醒了先进中国人的忧患意识，也给传统海洋观带来了有力的冲击，并在此基础上开始由传统向近代的转型过程。

【相关链接】

鲤鱼跳龙门

古时候，还未凿开龙门，伊水流到这里被龙门山挡住了，在山南河水积聚，形成了一个大湖。居住在黄河里的鲤鱼听说龙门风光好，都想去观光。

它们从孟津的黄河里出发，通过洛河，又顺伊河来到龙门水溅口的地方，但龙门山上无水路，上不去，它们只好聚在龙门的北山脚下。有一条鲤鱼自告奋勇要第一个跳，结果它越过龙门山，落到山南的湖水中，一眨眼就变成了一条巨龙。鲤鱼们开始一个个挤着跳龙门山。

可是除了个别跳过去化为龙以外，大多数都过不去。凡是跳不过去，从空中摔下来的，额头上就落一个黑疤。直到今天，这个黑疤还长在黄河鲤鱼的额头上呢。

治本于农，务兹稼穑

【译文】

治国的根本在发展农业，要努力做好播种收获这些农活。

【注释】

①务：致力于。
②兹：此，这。
③稼：播种。
④穑：收获。

【评解】

中国自古就是以农业立国，治国的根本在于发展农业。

“务兹稼穑”的务是从事、致力于的意思，兹是代词，代替此，一定要从事于此。此是什么呢？就是后面说的两个字“稼穑”。稼这个字的本义是禾苗的穗和果实，《诗经·豳风·七月》里面有“十月纳禾稼”的话。

穑的本义是收割庄稼，后世把春耕叫稼，秋收叫穑。稼穑两个字就代表了整个农业，泛指“春生夏长，秋收冬藏”整个农业生产过程。

【国学小百科】

“风”“水”盛行

水是农业之根本，发展农业离不开水，降雨量是最基本的要素之一。中国农产区的降雨主要集中在夏三月，完全靠由南海（菲律宾海）吹过来的东南风（术语叫季风），加上由西域（新疆）横向扫过来的西风（术语叫旋风），将季风气流升高，使其温度降低，才能“云腾致雨”。有风才能有水，可见中国人讲“风”“水”的历史太悠久了。

“风水”一词来源于郭璞《葬经》中所云“气乘风则散，界水则止，古人聚之使不散，行之使有止，故谓之风水”，即与地脉、地形有关的“生气”。

【相关链接】

神农尝百草

相传，炎帝仔细观察各种植物的生长规律，渐渐掌握了五谷的播种方法。在他的带领下，人们改进生产工具，总结植物的种植经验，粮食连年丰收。后来，人们为了表示对炎帝的感谢和敬佩，就尊称他为“神农”。

人吃五谷杂粮，有时难免要生病，疾病给人们带来了痛苦，甚至死亡。一日，炎帝猛然想到，他在用天神赐予自己的神鞭鞭草的时候曾发现百草是可以做药的。神农氏决定亲自实践，品尝百草。

神农氏每天坚持品尝各种各样的草木，然后记下各种草药的药性、气味与种类，适合治疗哪些疾病。就这样神农氏治好了无数人的疾病，拯救了许多面临死亡的人们。据说炎帝神农最多时，一天共中毒七十次。

俶载南亩，我艺黍稷

【译文】

一年的农活该开始干起来了，我种上小米，又种上高粱。

【注释】

①俶：开始。
②载：从事。
③南亩：指田地。
④艺：种植。

【评解】

这两句讲述农业种植规律，“俶载南亩”就是说要在向阳的土地上开始从事农作了，开始种地了。南是向阳的方向，亩是土地。开始从事某种工作叫俶载。南亩是指向阳的耕地，《诗经·豳（bīn）风·七月》里面有“七月流火，九月授衣。同我妇子，馌彼南亩”的诗句。

周朝的农业，全国耕地的管理采取“井田制”，大约100亩耕地为一井，平分为九块，形如井字，为八户人家所有。井字中间的一块为公田，属诸侯所有；其余的八块为私田，每户各一块。

我指的是我自己，艺是种植的意思。我们常说的园艺一词，其中的艺不是说园林艺术，而是种植、栽培的意思。黍稷是古人最主要的两种粮食作物，黄米（黏米）叫黍，谷子（小米）叫稷。

【国学小百科】

“亩”的变迁

亩是古代测量土地的单位量词，朝代变迁，亩的大小也不尽相同。

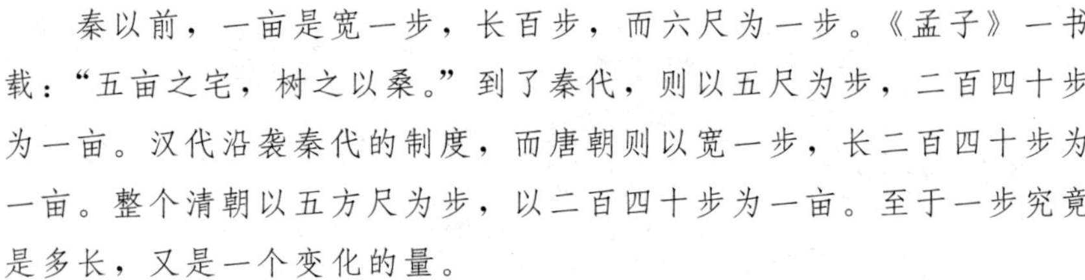

秦以前，一亩是宽一步，长百步，而六尺为一步。《孟子》一书载：“五亩之宅，树之以桑。”到了秦代，则以五尺为步，二百四十步为一亩。汉代沿袭秦代的制度，而唐朝则以宽一步，长二百四十步为一亩。整个清朝以五方尺为步，以二百四十步为一亩。至于一步究竟是多长，又是一个变化的量。

现代的一亩为六十平方丈，合六百六十七平方米。十分地为一亩，一百亩为一顷。古今时代不同，度量衡的单位也有所变化。

五谷丰登

五谷丰登是指农作物大丰收，中国人讲究五谷丰登。“五谷”指五种谷物。“丰登”谓丰年之意。《三字经》里提到六谷：“稻粱菽(shū)，麦黍稷”，为什么又出来六谷了呢？讲五谷不包括稻米，中国在上古时代没有稻子，稻子是后来从南方引进的，当时的经济文化中心在北方，而中国北方早期没有稻子，只有粱菽麦黍稷五谷。所以，五谷不包括稻。

五谷丰登，预祝农业丰收，以表现人们在生活上的美好愿望。宋代以来，在锦缎上创造了一种“灯笼锦”，或叫“庆丰年”。灯笼的主体，多被组成莲花、如意，或嵌以寿字；灯笼悬结谷穗，作为流苏；两个蜜蜂围着灯笼飞舞。以蜂谐“丰”音，灯谐“登”音，加之谷穗，组成“五谷丰登”吉祥图案，民间常用于刺绣、挑花，饰于桌围椅靠、围裙、头巾等。

【相关链接】

提倡节俭的范仲淹

留下千古名篇《岳阳楼记》的范仲淹不仅是有名的文学家，也是北宋名臣之一。但是范仲淹身处高位，却克勤克俭，生活俭朴。

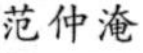

范仲淹

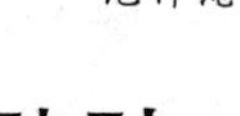

范仲淹小时候，家里很穷，十几岁才读书识字。为了省下钱来读书，他更是过着十分艰苦的生活，每天熬一锅粥，冷了凝结之后，用刀切成四块，早晚各吃两块，每餐就用几块咸菜下粥，终经刻苦努力，成为很有学识的人。

范仲淹做官之后，仍然以身作则，保持勤俭的家风。他的两个儿子在他的教育下最终也都学有所成。

税熟贡新，劝赏黜陟

【译文】

收获季节，用刚熟的新谷交纳税粮，官府应按农户的贡献大小给予奖励或处罚。

【注释】

①税：收税。
②贡：纳贡。
③劝：劝勉。
④赏：奖赏。
⑤黜：降职。
⑥陟：升级。

【评解】

收割庄稼，向官府交纳新粮抵税就是“税熟贡新”。税和贡两个字又不一样，由下位献上叫作贡，由上位向下面收叫税。

“劝赏”是对农户的奖惩制度，“黜陟”是对政府官员的撤职、升迁制度。“劝赏黜陟”是指客观地按照务农的成果和纳税的情况，对农户予以奖励或惩罚，对有关的官吏也要据此予以职务的升迁。

【国学小百科】

“赋”“税”之别

纳赋意为缴纳现金，赋字是贝字旁。上古人类主要活动于黄河流域，见不到大海，贝壳很稀少故此用来作流通的货币。

贝壳上打洞，用绳子串起来，五个一串叫一系，二系十贝叫一朋。老友来了，在脖子上挂两串贝壳去喝酒，就叫“朋”友，所以汉字中的财、贵、贱、赛等与钱财有关的字都是贝字旁。

庄稼熟了，把新收获的庄稼交给国家叫作纳税，所以税是禾木旁。缴纳现金的叫赋，缴纳谷物的叫税，二者完全不一样。

【相关链接】

不收耗羡的陈青天

清代嘉庆以后，耗羡（官场公行的陋规）愈发膨胀。耗是指“火耗”，衙门在倾铸标准大元宝银锭时发生的损耗；羡是指“羡余”，原来是征收运输粮食时发生的损耗，这些都要求纳税人来承担。

道光初年，有个叫英和的官员上奏，认为耗羡屡禁不止，是因为“州县办公无资而取民无艺”，主张将各州县现有的各类陋规中确定一定的数额，专项用于州县衙门的办公开支，在这之外多取者，加以重罚。道光皇帝把他的上奏批转各总督、巡抚讨论，大多数总督、巡抚都表示反对，认为如此施行，必定会导致陋规之外再生陋规，还不如维持现状为好。

清代有个名叫陈锡熊的，家产丰厚，每到一地任官，就禁绝一切陋规，衙门的开支不够，就拿自己家里的钱来补贴，人称“陈青天”，但是整个官场都对他侧目而视，就连他的叔父都骂他：“居己以清名，陷人于不肖。”

孟轲敦素，史鱼秉直

【译文】

孟轲夫子崇尚纯洁，史官子鱼秉性刚直。

【注释】

①孟轲：孟子。
②敦：崇尚。
③素：本色。
④史鱼：春秋末年卫国史官，以正直著称。

【评解】

孟子名柯，山东省邹县人，儒家思想由他而发扬光大，被尊奉为“亚圣”。

敦是推崇、崇尚，没有染过色的丝是生丝，叫素。前面讲过“墨悲丝染”，白色的生丝就是素，无字的石碑叫素碑，引申义就是质朴、纯真、不加装饰的意思。“孟轲敦素”是说，孟子崇尚质朴的本色。

史鱼是与孔子同时代的人，卫国的大夫，也是著名的史官。史鱼为人正直，看不得朝中的丑恶现象，这也正和他史官的职位相称。禀字的本义是赋予、给予，引申义才是秉受、天生的意思，所以“史鱼禀直”是说，史鱼有坚持正直的品德。

【国学小百科】

《孟子》

《孟子》是记述继孔子之后最出色的儒学大师孟轲的言行及他与时人或弟子相互问答的一部典籍。《孟子》共七篇，分别为：《梁惠王》《公孙丑》《滕文公》《离娄》《万章》《告子》《尽心》，共计三万五千四百字。

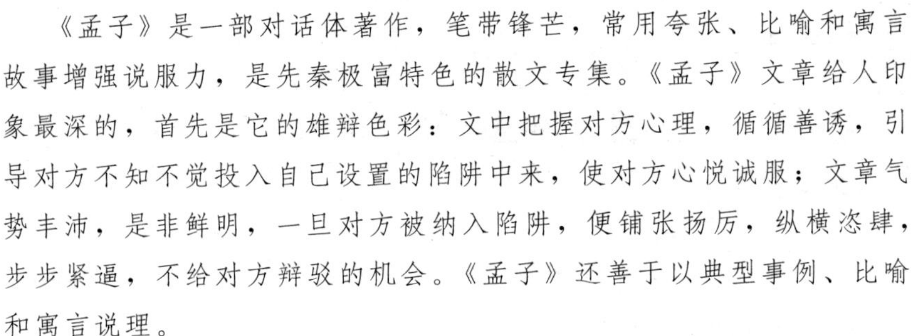

《孟子》是一部对话体著作，笔带锋芒，常用夸张、比喻和寓言故事增强说服力，是先秦极富特色的散文专集。《孟子》文章给人印象最深的，首先是它的雄辩色彩：文中把握对方心理，循循善诱，引导对方不知不觉投入自己设置的陷阱中来，使对方心悦诚服；文章气势丰沛，是非鲜明，一旦对方被纳入陷阱，便铺张扬厉，纵横恣肆，步步紧逼，不给对方辩驳的机会。《孟子》还善于以典型事例、比喻和寓言说理。

《孟子》为儒家的重要著作，对后世在思想上、文学上均有重大影响。

【相关链接】

“强项令”董宣

董宣是东汉一个执法严格的官员。董宣在做洛阳县令时，公主的仆人杀了人，躲在公主家里不出来，而捕快因为碍于公主情面，不敢进去抓捕。董宣听说公主的车要出来，就拦住了，当面杀了那个犯了死罪的仆人。公主认为董宣在她面前杀她的仆人，是在欺负她。于是向皇帝，也就是自己的哥哥刘秀告状。

刘秀很生气，把董宣叫来，要打死他。董宣也生气地说：“皇上您很圣明，复兴了汉朝，但现在却放纵人杀人，这怎么能治理国家呢，我不用你打，我自己先死吧！”说着就用头撞柱子，撞得头流了血。

刘秀知道了事情真相，也就不杀他了，但让他给公主磕头，赔礼道歉。董宣就是不听，刘秀就让人按他的头，董宣双手撑地，挺着脖子。刘秀最后奖励了他，还给他加了个“强项令”的称号，意思是脖子刚强、不肯低头的县令。

庶几中庸，劳谦谨敕

【译文】

做人要尽可能合乎中庸的标准，勤奋、谦逊、谨慎，懂得规劝告诫自己。

【注释】

①庶几：差不多。
②中庸：不偏不倚，调和折中。
③劳：勤劳。
④敕：戒惧。

【评解】

这两句讲述做人的准则，要合乎中庸之道，勤、谦、慎，自我规勉。

庶几是差不多、大概的意思。庸的意思是庸常，普普通通、平平淡淡。“庶几中庸”，这就差不多中庸了，近乎中庸之道的标准。为什么说差不多呢？因为只有敦素、秉直还不够中庸的标准，还有四点要做到。

那就是“劳谦谨敕”。劳是勤劳、勤勉，谦是谦虚、谦逊，谨是严谨、小心，敕是检点、不随便。如果我们能保持本性的质朴，保持内心的方正，再能够勤勉、谦逊、谨慎、检点，这才是合格的中庸标准。

【国学小百科】

中庸之道

儒家思想理论中最重视中庸之道，孔子在《论语》里面提出："君子中庸，小人反中庸。"中庸之道的理论基础是天人合一。

天人合一的真实含义是合一于至诚、至善，达到"致中和，天地位焉，万物育焉""唯天下至诚，为能尽其性。能尽其性则能尽人之性；能尽人之性，则能尽物之性；能尽物之性，则可以赞天地之化育；可以赞天地之化育，则可以与天地参矣"的境界。"与天地参"是天人合一的意思。

天人合一是《中庸》整篇的真实含义。然而现代很多人曲解了"中庸之道"。有人说中庸就是要滑头，是老奸巨猾，其实中庸根本没有要滑头意思。中庸不是和稀泥，不是不讲原则的好好主义，而是既听了你的意见，也听了他的意见，综合你们意见中合理的部分，然后采取一个切实可行的办法。不走左，也不走右；不过，也非不及，这才是中庸。

【相关链接】

孔子拜师

一日，孔子坐着马车外出。在途中看到许多孩童在路旁玩筑城的游戏，他们筑的城挡住了车子的去路。孔子的弟子就上前告诉那些孩子有车子经过，让他们把城墙拆掉。

孔子

其中一个小孩理直气壮地对孔子说："我只听说马车绕城走，从没有听说过拆城让车走过去的道理。"孔子一听，觉得这个小孩说的话非常有道理，便拜他为师。

聆音察理，鉴貌辨色

【译文】

听别人说话，要仔细审察是否合理；看别人面孔，要小心分辨他的脸色。

【注释】

①聆：听。
②察：审视。
③鉴：观看。
④貌：容貌。
⑤辨色：辨别脸色。

【评解】

这两句话告诉人们谈话的技巧和看人脸色的玄奥。

聆是聆听，但聆和听不一样。聆是仔细听，十分专心地听，而听只是一个泛泛的听的动作。听别人讲话要仔细地听，就是聆音。察是审察、考察，理是话里面的道理，话里面深一层的含义。

鉴的本义是铜镜子，有观察、鉴别的意思在里面。貌是一个人的容貌和外表，包括了言谈举止、动作表情。“鉴貌辨色”是说，通过观察人的容貌来辨别他内心的活动。

【国学小百科】

古代的相学

相学，又叫风鉴之学，博大精深，一般人很难明白其中的奥秘。古代为官者多少懂一点，断案问审不会察言观色怎么能行呢？是不是惯犯，有没有前科，是好人歹人，一眼得能看出个大概。

曾国藩用人看一眼就知道这个人能干什么。他挑选湘勇组建湘军，有个鉴貌辨色的“三字诀”：黄、长、昂。

黄是面色黄，俗话说：小白脸儿没好心眼儿，土色黄才是种地人的本色，这样的人忠厚、听话。长是手脚修长，这样的人才有力量、有耐力、速度快。昂是精神旺盛，器宇轩昂，士气是一支队伍成败的决定因素，正如成语所言“哀兵必胜”。

所以作为清朝中兴人物之一，同时也是清朝新儒家学派的扛鼎人物的曾国藩能够成功绝非侥幸，皆有这些因素在内。

【相关链接】

以人为镜

魏征是唐太宗时的宰相，他忠言直谏，是历史上有名的诤臣。唐朝统一中国后，大臣建议唐太宗到泰山“封禅”。只有魏征认为封禅实为劳民伤财之举，最后唐太宗接受了魏征的建议。

魏征一生中陈谏二百多条。他死后，唐太宗伤心地说：“夫以铜为镜，可以正衣冠；以古为镜，可以知兴替；以人为镜，可以明得失！朕尝保此三镜以防己过。今魏征殂逝世，遂亡一镜矣。”这样的评价对魏征来说最恰当不过了。

贻厥嘉猷，勉其祗植

【译文】

要给人家留下正确高明的忠告或建议，勉励别人谨慎小心地处世立身。

【注释】

①贻：遗留。

②厥：语气助词。

③嘉：善，好。

④猷：谋略。

⑤祗：恭敬。

⑥植：立。

【评解】

这两句话告诫人们给子孙后代留下万贯家财不如留给子孙家语忠告，勉励他们要谨慎小心地立身处世。

“贻厥嘉猷”就是将其美好的谋略遗留下来，指的是祖先要把自己的经验、忠告遗留给子孙后代。

“勉”是勉励的意思。“其”是代词，指代子孙后辈。“勉其”是勉励子孙后代的意思。“祗”意为恭敬，“植”意为树立。那么要树立什么呢？就是要树立家风，子孙要立身、立命。“勉其祗植”是勉励子孙后代要谨慎小心地立身处世的意思。

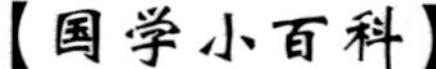

古代家书

历代先贤都有宝贵的家书遗留下来，传统家书作为中华民族民间优秀文化的组成部分，是文学、美学、书法、礼仪、邮政、包装、纸张等文化的综合载体。

千百年来，家书承载着中华民族生生不息的血缘文化，维系着人间的亲情，展示了个性的光芒，也真实地记录了时代的变迁。家书映照出美好的人际关系、高尚的生活准则、优良的行为操守与道德传统。

家书是中华民族凝聚力和亲和力的体现。古代有《了凡四训》《周公诫子书》《诸葛亮诫子书》，近代有《曾国藩家书》《傅雷家书》等等，不胜枚举。这些家书早已超越了家族的概念，是我们中华民族的家语，是中国传统文化的一部分，千百年来被世人传诵。

【相关链接】

袁了凡教子

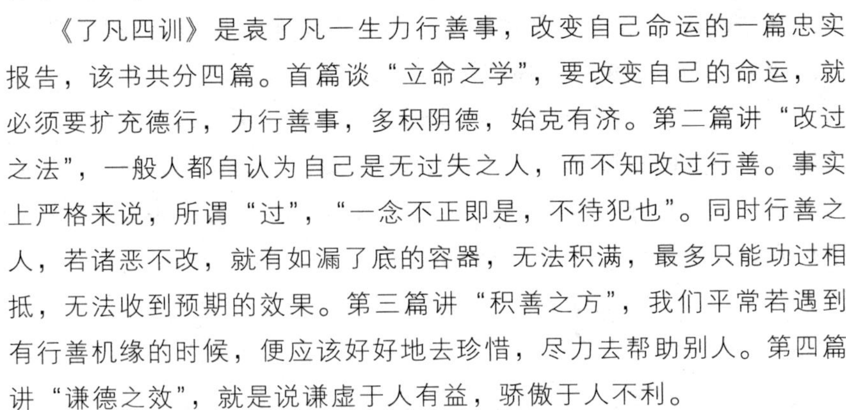

袁了凡是明代人，了凡先生写下四篇短文，当时命名为《诫子文》，用来训诫他儿子袁天启，认识命运的真相，明辨善恶的标准，改过迁善的方法，以及行善积德谦虚种种的效验，这本书后来成为广行于世的《了凡四训》。

《了凡四训》是袁了凡一生力行善事，改变自己命运的一篇忠实报告，该书共分四篇。首篇谈“立命之学”，要改变自己的命运，就必须要扩充德行，力行善事，多积阴德，始克有济。第二篇讲“改过之法”，一般人都自认为自己是无过失之人，而不知改过行善。事实上严格来说，所谓“过”，“一念不正即是，不待犯也”。同时行善之人，若诸恶不改，就有如漏了底的容器，无法积满，最多只能功过相抵，无法收到预期的效果。第三篇讲“积善之方”，我们平常若遇到有行善机缘的时候，便应该好好地去珍惜，尽力去帮助别人。第四篇讲“谦德之效”，就是说谦虚于人有益，骄傲于人不利。

省躬讥诫，宠增抗极

【译文】

听到别人的讥讽告诫，要反省自身；备受恩宠不要得意忘形，对抗权尊。

【注释】

①省：反省，检查。
②躬：自身。
③讥：讥笑。
④诫：警告。

⑤宠：尊荣。

⑥抗：高。

【评解】

这两句话是告诉人们要经常反省自己的言行，不要讥笑别人，防止自己的宠幸和荣耀达到极限而招致灾祸。

省是反省，躬是自己的身体，引申义为自己、自身，反躬自身。讥是讥讽、嘲笑，诫是告诫、劝慰。抗是通假字，通“亢”，极是极限的意思。

即使别人对自己冷嘲热讽或者严厉批评，既不要生气动怒，也不要急于辩解，应该心平气和地进行自我反省，有则改之，无则加勉，就是“省躬讥诫”的意思。

【国学小百科】

否极泰来的辩证观

人们常说“盛极必衰，否极泰来”，意思是说，兴旺到了极点必然会走向衰落，厄运到了极点就会有好运到来。

《易·否》上有“否之匪人，不利君子贞，大往小来”，《易·泰》载“泰，小往大来，吉亨”。汉代赵晔《吴越春秋·勾践入臣外传》则有“时过于期，否终则泰”一句。

否极泰来，体现了辩证主义的思想，任何事情都不是绝对的，都是有变化、有转机的。在经典文学作品《红楼梦》中王熙凤梦中与秦可卿相谈的一段就体现了这种朴素的辩证观，荣辱自古周而复始，岂人力能保常。贾府显赫已有百载，走向衰落已成必然。

【相关链接】

仲永才尽

在金溪，有贫民方家，世代耕田为业。方家儿子仲永出生五年，还不认识笔、墨、纸、砚。有一天，仲永忽然放声哭着要这些东西。

他父亲十分惊异，从邻近人家借来给他，仲永当即写了四句诗，并且题上自己的名字。这首诗以赡养父母、团结同宗族的人为内容，传送给全乡的读书人观赏。

从此，指定一件东西让仲永作诗，他立即就能做出一首好诗来。大家都认为他是奇才，纷纷花钱请他作诗。他的父亲认为这样有利可图，每天都拉着他四处拜访，不让他学习。渐渐地，仲永的才华消失了，变得跟普通人没什么两样。

殆辱近耻，林皋幸即

【译文】

知道有危险耻辱的事快要发生，还不如归隐山林为好。

【注释】

①殆：近。

②皋：水边高地。

③幸：侥幸。

④即：去，就。

【评解】

人生不如意事常八九，荣辱是人生必修之课。荣辱不离，有荣就有辱，所谓荣辱与共。不愿有辱的结局就不要拼命追求荣，荣来了，辱也就同时到了。

荣宠增加到了极点，物极必反，宠就变成辱了，所以说殆辱近耻。殆是时间副词，表示将要、迫近的意思。林是山林，皋是水边之地。庄子说过：“山林欤！皋壤欤！使我欣欣然而乐欤！”

“林皋幸即”是说赶快退隐山林，辞官别做了。时运不济，环境不允，既然如此不如退隐，远离尘世。

【国学小百科】

古代的隐士

所谓“隐士”就是隐居不仕之士。历史上比较著名的隐士有：许由、接舆、庄子、范蠡、鬼谷子、陶渊明、陶弘景、严光、张岱等。这些隐士或终身在乡村为农民，或遁迹江湖经商，或居于岩穴砍柴。这些人有着自己独特的追求和志趣，有的确实厌恶官场生活，隐居后，致力于文化建设；有的隐居后仍然关心国家大事。如陶弘景隐居山中，从事道、儒、佛的研究，但仍为朝廷谋划大事，被称为“山中宰相”。孔子说：“隐居以求志。”隐居者为求其志而隐居，而非消极无所求。

隐士具备出仕为官的素质，却主动疏离政治，隐居求志，成为具有特定道德价值意义的象征符号。隐士蔑视权威，不事王侯的独立人格，安贫乐道，不慕荣利的骨气节操以及高标独立，卓尔不群的个性魅力常常被后世所称颂。

【相关链接】

陶渊明归隐

陶渊明是我国第一位田园诗人，世称五柳先生。陶渊明是东晋时期一位非常重要的诗人，被尊称为隐逸诗人之宗，而且开创了田园文学这一文学潮流。

陶渊明的诗文充满了田园气息，他的名士风范和对生活简朴的热爱，影响了一代又一代中国文人，乃至整个中国文化都深受其影响。

在陶渊明的少年时代，显赫的家族开始衰败。陶渊明年

陶渊明归隐

轻时徘徊于仕与隐之间。在那个年代，做官是所有文人的入世之道，正所谓学而优则仕。二十九岁那年，他做过江州祭酒的小官，但很快就“不堪吏职”辞职不干了。

此后陶渊明一直在家隐居，直到中年后迫于生计，又一度出门任职。他在做彭泽令的时候，又因“我岂能为五斗米折腰向乡里小儿”再次辞官归隐。这一次是真正地归隐田园，再也没有出来做官。

两疏见机，解组谁逼

【译文】

疏广、疏受预见到危患的苗头就告老还乡，哪里有谁逼他们除下官印？

【注释】

①两疏：指汉太子太傅疏广、太子少傅疏受。两人同时辞官回家，受世人推崇。

②见机：看准时机。

③解组：解下印绶，指辞官。

【评解】

两疏是指汉朝的疏广、疏受叔侄两人。汉宣帝时，此二人曾为太子太傅与太子少傅，位高名显。但是二人怕树大招风，为官五年就主动告老还乡，荣归故里，人人称赞其高风亮节。

机是机兆、先兆，是事机萌动，但还尚未发出之时的微小状态，《易经》里就有“几者动之微，君子见机而作”的话。

解是解除，组是组绶的简称。组绶是一种丝质有刺绣的缎带，窄的叫组，宽的叫绶。解组是将组绶解下来，表示辞官不干了。“谁逼”是有谁逼你了吗？这是一个反问句，当然是没有，是自己辞官不做的。

【国学小百科】

古代辞官的称谓

古代辞官有一定的称谓，有致仕、致事、致政、告老、请老、乞骸骨等。下面重点介绍一下“致仕”和“乞骸骨”。

对“致仕”来说，不同身份的辞官有不同的说法。据《礼记》记载：卿大夫致仕曰“国老”，一般官吏致仕曰“庶老”。其次是待遇不同。如《周礼·王制》说：“周人养国老于东胶，养庶老于虞庠。”可见，国老与庶老是分开供养的。

而“乞骸骨”的意思是请皇帝将这把老骨头赐还给我吧，这里的骸是“四肢百骸”的缩略语，代指人的整个身体。

【相关链接】

兔死狗烹，鸟尽弓藏

春秋末期，吴越争霸，越国被吴国打败。越王勾践卧薪尝胆，任用大夫文种、范蠡整顿国政，十年生聚，十年教训，使国家转弱为强，终于击败吴国，洗雪国耻。

范蠡深知勾践为人，只可和他共患难，不宜与他同安乐。所以，范蠡决定急流勇退，放弃高官厚禄。范蠡也劝文种弃官，说：“飞鸟尽，良弓藏；狡兔死，走狗烹。越王为人长颈鸟喙，可与共患难，不可与共乐。子何不去？”文种没有听从范蠡的建议，最终被越王赐死。

范蠡

索居闲处，沉默寂寥

【译文】

离群独居，悠闲度日，整天不用多费唇舌，清静无为岂不是好事。

【注释】

①索居：独居。

【评解】

这两句话讲的是一种离群独居、悠闲度日、不谈是非的清静生活。

索居是一个人独处，索是萧索、冷冷清清，闲处是无所事事、清静悠闲。沉默是沉静、不多讲话，寂寥是心中空空洞洞、没有杂念，这是“享清福”。

世间的洪福好享，清福却不好享。整天高朋满座，胜友如云，车水马龙，儿孙绕膝，忙不完的事，待不完的客，这是洪福。

正如前面所述，“性静情逸，心动神疲，守真志满，逐物意移”，内心追逐外物习惯了，又没有修心的训练，内心守不住，没有定力。淡泊明志，宁静致远。能耐得住寂寞的人才能成大事，能够享受孤独的人才能建大功。

【国学小百科】

老子的无为思想

“无为”是以老子为代表的道家的核心思想，是由老子在《道德经》中提出的。老子所处的春秋时代，诸侯混乱，统治者强作妄为，贪求无厌，肆意放纵，造成民不聊生。在这种情形下，老子提出了无为思想，呼吁统治者要“无为而治”。

“无为”就是不做任何违反自然规律，有损道德规范，违反社会法则，有害众生的事。但这里的“无为”并不是什么都不做，并不是不为，而是含有不妄为、不乱为、顺应客观态势、尊重自然规律的意思。

老子说的“无为而无不为”其真正的含义是：不妄为，就没有什么事情做不成的。这里，“无为”乃是一种立身处世的态度和方法，“无不为”是指不妄为所产生的效果。老子还曾谈道，“为无为，则无不治”，意思是说以“无为”的态度去对待社会人生，一切事情没有做不到、办不好的。因此，老子所讲的“无为”并不是消极等待，毫无作为，而是“为无为”“为而不恃”“为而不争”，即以“无为”的态度去“为”，去发挥人的主观能动性。

【相关链接】

燕雀安知鸿鹄之志

秦朝人陈胜，年轻时曾受雇用给富人家种地。有一天，他放下农活到田埂上休息。由于对秦朝苛捐杂税和繁重劳役致使百姓生活困苦感到愤恨不平，他就对一起干活的人说：“假如将来我们中间有谁发迹富贵了，可不能相互忘记啊。”

别人讥笑他：“受雇给人家种地，怎么能发迹富贵呢？”陈胜长长地叹了一口气道：“燕雀哪里会懂得鸿鹄的凌云壮志呢！”

秦二世（胡亥）元年（前 209 年）七月，陈胜与吴广发动农民起义，建立了中国历史上第一个农民政权。这个政权虽然持续时间不长，但终于推翻了秦朝的严酷统治。

求古寻论，散虑逍遥

【译文】

想想古人的话，翻翻古人的书，消除往日的忧虑，乐得逍遥舒服。

【注释】

①求古寻论：即寻求古论。

②散虑：解散思考，不再思索。

【评解】

这两句话是说，遇到烦闷之事读书向古人学习，排忧解闷。

“求古”是探求古人古事，“寻论”是读点至理名言，而“求古寻论”的结果就是“散虑逍遥”，排除杂念，自在逍遥。散是驱散、放逐的意思，虑是心中的忧虑、杂念。

逍遥是自由自在、无拘无束、优游自得的样子。庄子一生逍遥自在，著《逍遥游》，正所谓逍遥于六合之外，游戏乎太虚之间。“六合”是指上下左右前后六大方位，借指茫茫宇宙。所以真正的逍遥自在是到宇宙之外去巡游，到形而上的太虚去做神仙。

【国学小百科】

古代君子登堂之礼

据《礼记》记载：“将上堂，声必扬；户外有二屦，言闻则入，言不闻则不入。”这是说君子登堂，内室门外有两双鞋，听得到谈话声，才可以入室拜会；听不见说话声，就不能乱闯。门外有两双鞋，则室内一定有三个人（主人与两个客人，古时候客人把鞋脱在门外，到室内席地而坐），三人内室谈话，外面听不见声音，则是密谈，所以君子要避开。这里说的是君子坦荡。

君子出游，拜师访友，要做到走路有脚步声，决不可鬼鬼祟祟。一是说明君子心胸没有邪念；二是提醒室内的人，有客人到了。如果主人不想让外人看到的事，可以防备一下。所以古人登堂的礼节以及坦荡的君子风度，值得我们借鉴。

【相关链接】

明山宾卖牛

南朝人明山宾生性笃实，是个出了名的老实人。

有一年青黄不接，明山宾家里穷得实在揭不开锅，他不得不把家里唯一的牛牵到集市上去卖。因为要的价格很便宜，所以他很快就把牛卖掉了。明山宾喜滋滋地拿着钱走在回家的路上。

突然，他像想起了什么，急急忙忙赶回去追上了买主。明山宾对买主说：“我的这头牛曾经患过‘漏蹄’，不过已经治好了。我觉得有必要告诉你这件事。”买主很感谢明山宾，围观的百姓也对明山宾的诚实赞不绝口。

欣奏累遣，戚谢欢招

【译文】

轻松的事凑到一起，费力的事丢在一边，消除不尽的烦恼，得来无限的快乐。

【注释】

①欣：欣悦。

②奏：进。

③累：烦恼。

④遣：驱去。

⑤戚：忧愁。

⑥谢：杜绝。

⑦招：招来。

【评解】

这两句是告诉人们怎么快乐，那就是抛掉烦恼，积攒轻松欢乐。

喜悦一增添，牵挂就排除了；烦恼一丢开，欢乐就到来了。给我们感觉形容得很贴切，刻画得很真实，不是吗？闲来无事，再到庭院和郊野中走一走，会看到什么样的景致呢？

【国学小百科】

大肚弥勒佛

对联“大肚能容，容天下难容之事；开口便笑，笑世间可笑之人”讲的是人人皆知的大肚弥勒佛。

大约在五代以后，我国江浙一带的寺院中开始出现笑口弥勒佛的塑像。其实这是按照布袋和尚的形象塑造的。布袋和尚，世传为弥勒菩萨的应化身，身体胖，眉皱而腹大，出语无定，随处寝卧。常用杖挑一布袋入市，见物就乞，别人供养的东西统统放进布袋，却从来没有人见他把东西倒出来，那布袋又是空的。

假如有人向他请问佛法，他就把布袋放下。如果还不懂他的意思，继续再问，他就立刻提起布袋，头也不回地离去。人家还是不理会他的意思，他就捧腹大笑。

北宋时期，布袋和尚被皇帝宋哲宗赐号为“定应大师”。寺院供奉的弥勒像，总是乐呵呵地看着前来游玩进香的人们。人们见此像，往往受他那坦荡的笑容感染而忘却自身的烦恼。

【相关链接】

庄子借米

庄子家里很穷，经常揭不开锅。于是，庄子就常常找朋友帮忙周济一下。一次，庄子向朋友借米，那个朋友不太愿意借给庄子，就推托说自己也没有多余的米了，然后朋友又安慰庄子说："等谷子卖了之后，再借给你好不好？"庄子说："我来的路上遇到一条鱼对我说：'我快干死了，请你帮我取点儿水来好吗？'我说：'等我到了南方，再引西江的水来救你。'这条鱼说：'到那个时候你就可以到干鱼铺来找我了。'"朋友听了，明白庄子的难处，就把米借给了他。

渠荷的砾，园莽抽条

【译文】

池里的荷花开得光润鲜艳，园中的草木抽出条条嫩枝。

【注释】

①渠：池塘。

②的砾：鲜艳的样子。

③莽：草。

④抽条：发芽。

【评解】

这两句是描述春夏的美景。春天是"园莽抽条"，夏天是"渠荷的砾"。

"渠荷的砾"，渠水所居也，水停之处为渠，此处指水塘。的砾是花开得光彩灿烂的样子。三月的桃花，六月的荷花，池塘中六月的荷花开得那么鲜艳，光彩照人。

"园"是园林、园圃；"莽"是草木茂盛、莽莽苍苍的样子；"抽条"是草木的拔枝、长出新枝嫩芽。"园莽抽条"是说园林里的草木抽出了新的枝条，俨然一幅春天的美景图。

【国学小百科】

古人的莲花情节

莲花即荷花，是植物中最特殊的一种，东方文化将其视为吉祥物，佛教特别将其作为标志。儒家也推崇荷花出淤泥而不染的品德。宋儒周敦颐专门写有《爱莲说》，称赞“莲，花之君子者也”。古人还有“留得残荷听雨声”的诗句。

莲花的可贵之处，一是出淤泥而不染。泥水越污浊莲花开得越美，象征着世道越乱，越能造就一个人。莲花的可贵之二是花果同时。荷花开了，花托即是莲蓬，花蕊就是莲子，象征着宇宙间因果同生，祸福与共。

【相关链接】

周敦颐与《爱莲说》

周敦颐是我国理学的开山鼻祖。他从小喜爱读书，人们都说他“志趣高远，博学力行，有古人之风”。他的学问、气度，也感动过许多人来追随他学习，其中最著名的，就是程颐、程颢两兄弟，他们后来都成了宋朝一代著名的理学家。

1072年，周敦颐在江西创办了濂溪书院，开始收徒育人。他将书院门前的溪水命名“濂溪”，并自号“濂溪先生”。因他一生酷爱莲花，便在书院内建造了一座爱莲堂，堂前凿一池，名“莲池”，以莲之高洁，寄托自己毕生的心志。先生讲学研读之余，常漫步赏莲于堂前。后口诵《爱莲说》，其佳句“出淤泥而不染，濯清涟而不妖，中通外直，不蔓不枝，香远益清，亭亭净植，可远观而不可亵玩焉”成为千古绝唱，至今脍炙人口。

枇杷晚翠，梧桐蚤凋

【译文】

枇杷到了岁晚还是苍翠欲滴，梧桐刚刚入秋就凋谢了。

【注释】

①晚翠：至冬犹绿。

②蚤：通“早”。

【评解】

这两句承接上文描述秋冬的美景。秋天是“梧桐蚤凋”，冬天是“枇杷晚翠”。

枇杷是枇杷树，植物学上属蔷薇科常绿的小乔木。枇杷树的叶子一年四季都是绿油油的，不会凋谢，所以说“枇杷晚翠”。到了冬天晚景了，枇杷叶子还是那么青绿，还是苍翠欲滴。

“梧桐蚤凋”，梧桐树是应秋的树，对应着立秋的节气。立秋一到，梧桐树的叶子准有一片先落地。成语中“落叶知秋”就是指梧桐树。

“蚤”是通假字，是早晚的早之意。立秋是在阴历的八月，天气还很热，俗话说：晚立秋，热死牛。立秋后面还有一个节气叫处暑。夏天还没过完，梧桐树就落叶了，所以说它早凋。

【国学小百科】

古诗中的梧桐

梧桐枝干挺拔，根深叶茂，在古诗中有象征高洁美好品格之意。

如“凤凰鸣矣，于彼高冈。梧桐生矣，于彼朝阳”（《诗经·大雅·卷阿》），诗人在这里用凤凰和鸣，歌声飘飞山冈；梧桐疯长，身

披灿烂朝阳来象征品格的高洁美好。

《孔雀东南飞》中有“东西植松柏，左右种梧桐。枝枝相覆盖，叶叶相交通”，诗中用松柏梧桐的枝叶覆盖相交，象征了刘兰芝和焦仲卿对爱情的忠贞不渝。

亡国之君李煜写道“无言独上西楼，月如钩，寂寞梧桐深院锁清秋”，风吹落叶，雨滴梧桐，此刻梧桐又成了文人笔下孤独忧愁的意象。

女词人李清照在《声声慢》中写道“梧桐更兼细雨，到黄昏，点点滴滴。这次第，怎一个愁字了得”，寄托了一种离情别恨。

【相关链接】

董遇“三余”苦读

董遇自幼家贫，却仍坚持刻苦读书。深夜，别人早已进入梦乡，董遇仍在灯下读书。第二天，天还没亮，董遇便早早起床读书。

冬天，寒风凛冽，大雪飞扬，人们足不出户，在家待着很无聊。但是，这对董遇来讲，又是一个读书的大好时光。夏天，酷暑难耐，人们纷纷出门纳凉，董遇却仍然在灯下苦读，热得满身大汗。

就这样，董遇利用“三余”的时间，博览群书，孜孜不倦，终于成为三国时期有名的饱学之士。

陈根委翳，落叶飘摇

【译文】

陈根老树枯倒伏，落叶在秋风里四处飘荡。

【注释】

①陈根：老树根。

②委翳：通“逶迤”，曲折延伸。

【评解】

这两句展示了一幅破败的景象：老树根蜿蜒曲折，落叶在秋风里飘摇。

陈根是老树陈根，委是枯萎，衰败。翳是荒芜、暗昧，枝叶遮盖的意思。陈根老树枯萎倒伏，落下的树叶在空中随风飘荡。

心随景动，看到这种衰败、凋零的景色，人的心情就会变得很忧郁，不免会有感而发，触景伤情。纵观古今，很多传世佳作都是这样做出来的。

【国学小百科】

寒山寺

寒山寺位于姑苏城外枫桥边，寒山寺古又称枫桥寺，始建于南朝梁天监年间，旧名妙普明塔院。

相传因唐代高僧寒山和拾得自天台山国清寺来此住持，更名为寒山寺，距今已有1400多年的历史。因张继的名诗《枫桥夜泊》，诗韵钟声千载流传，寒山古刹因此名扬天下。

寒山寺和日本很有渊源，寒山寺是纪念寒山和拾得两个人而建，相传寒山和拾得是普贤和文殊两位菩萨的化身。拾得后来放弃主持，去了日本，所以日本有个拾得寺。

据说人的一年有108难，而听到寒山寺的一声新年钟声就可以消除一难。在新年的前一个晚上，当寒山寺的主持开始敲钟时，人们都一起数着钟声，108声后，寺外礼花齐放，鞭炮齐鸣，非常热闹。

【相关链接】

张继落榜赋名篇

距今一千二百多年前，张继与同窗好友一起进京赶考，结果只有张继一人名落孙山。落榜后，张继非常失落，独自一人返乡，途中路过苏州。

深夜，张继在船上翻来覆去，无法入眠。他披衣来到船舷，小河上渔火点点，每一点渔火，就是一户人家。月亮渐渐西沉，一会儿就从枫树梢头落下去，再也看不见了。就在月亮落下的枝头上，传来一声鸦鸣，在静夜里显得格外凄凉。

此时正值深秋时节，夜风侵肤，身在异乡的张继更加感到落魄的孤寂。这时，寒山寺的钟声响了，那钟声一记一记都撞击在张继的心坎上。他再也无法抑制自己的情绪，挥手写下了“月落乌啼霜满天，江枫渔火对愁眠。姑苏城外寒山寺，夜半钟声到客船”的诗句，这就是《枫桥夜泊》的千古诗篇。

游鹍独运，凌摩绛霄

【译文】

寒秋之中，鹍鸟独自高飞，直冲布满彩霞的云霄。

【注释】

①鹍：鹍鸟，传说中的一种大鸟。
②运：飞。
③凌：升高。
④摩：接触。
⑤绛霄：赤霄，九霄之一，此处指高空。

【评解】

这两句描述的是鹍鸟在空中独自翱翔，一个高飞，冲到紫红色的云上面去了。

独运、绛霄四个字用得准确、贴切，且合典。鹍和鹤都喜欢独居，性情孤傲，没有一群鹤在一块儿的。鹍可以飞得很高，所以这里说游鹍独运，同时也对应前文的“索居闲处，沉默寂寥”，衬托出君子和而不同，群而不党，出淤泥而不染的操守。

凌是向上升高，摩是迫近、接近，如摩天大楼。绛是紫红色，绛霄是紫红色的云气，又叫紫霄。“凌摩绛霄”的意思就是高飞接天，直冲九霄。

【国学小百科】

九霄云外

平时，我们经常说“九霄云外”，意思是一干二净，无影无踪。那么，九霄云外是什么呢？古代认为，九霄之上还有九天，层层递进。

《太玄》曰：“有九天，一为中天，二为羡天，三为从天，四为更天，五为晬天，六为廓天，七为咸天，八为沈天，九为成天。又曰：天以不见为玄。”而九霄分为神霄、青霄、碧霄、丹霄、景霄、玉霄、振霄、紫霄、太霄。层次越高，神仙的功力和道行也越高。

紫霄宫是九霄中的第八层，现在湖北武当山，是传说中神仙所居之地，始建于明永乐十一年（1413年），是武当山上保存较为完整的宫殿古建筑群之一。

【相关链接】

玄奘取经

唐太宗时，高僧玄奘为弘扬佛教只身前往印度取经。一路上，他历经千辛万苦。

一日，他来到沙漠，体力不支，天气又炎热不堪。他想起“宁可西进而死，决不东归而生”的誓言，忍着极度的干渴，走了五天五夜，昏倒在沙漠中。在生死关头，一阵凉风吹醒了他，他又骑马勉强走了五公里，前面出现了一片绿洲，他又装满水袋继续上路。

越过四百公里的沙漠，玄奘来到高昌国，高昌王听说来了唐朝高僧，苦苦请求玄奘留下来说法，答应给他优厚的待遇而不放他走。玄奘拒绝了高昌王的请求，一连三天不吃不喝，高昌王深为感动，第四天送他上路了。

玄奘经过十几个寒暑，到达了天竺烂陀寺。最终，他带着 650 多部佛教书籍，再一次踏上迢迢征途，回到了长安。

耽读玩市，寓目囊箱

【译文】

汉代王充在街市上沉迷留恋于读书，眼睛注视的都是书袋和书箱。

【注释】

①耽：沉溺。
②寓目：过目。
③囊箱：装书的袋子或箱子。

【评解】

耽是沉浸、入迷的意思，一旦沉迷于某事，别人呼唤也听不见，以致耽搁重要事情，所以耽是耳字旁。寓是寄托，玩市是热闹的集市、游玩的场所，相当于现代的购物中心。

“耽读玩市”是在嘈杂的市场里还能潜心读书，对外面的一切境界充耳不闻，这个典故说的是东汉学者王充。王充字仲任，会稽上虞（今浙江上虞）人，是东汉著名的唯物论思想家。早年曾入太学受业，拜班彪为师，博通百家言。

“寓目囊箱”的意思是说，在王充眼里只有书囊和书箱，除此而外，视而不见，充耳不闻。

【国学小百科】

王充与《论衡》

王充曾做过小官，但不久就辞官回乡，一面教书，一面著书立说。他以毕生心血写下四部哲学巨著：《讥俗》《政务》《养生》《论衡》，但保留下来的只有《论衡》一部。

《论衡》八十五篇，是王充用了三十年心血才完成的，被称为奇书。公元189年蔡邕（yōng）来到浙江，看到《论衡》一书如获至宝，密藏而归。蔡邕的友人发现他自浙江回来以后，学问突有大进，猜想他可能得了奇书，便去寻找。果然在他帐间隐蔽处发现了《论衡》一书，抢了几卷就走。蔡邕急忙叮嘱："此书只能你我共读，千万不要外传。"友人读后亦称，真乃奇书也。

【相关链接】

数星星的孩子

东汉时，有一个喜欢数星星的孩子，他的名字叫张衡。夜晚的天空，星星一闪一闪，引起了他强烈的好奇心。于是每天夜里，他都会对着天空，数着天上的星星。在数星星的过程当中，他对天空渐渐有了浓厚的兴趣。他读很多有关的书籍，自己决心研究太空。在数星星的过程中，他发现了天体的运行规律。后来，他根据自己掌握的天文、地理等方面的知识，制造了一台地动仪，可以观测千里之外的地震情况，预测地震的发生。

张衡

易輶攸畏，属耳垣墙

【译文】

说话最怕旁若无人，毫无禁忌；要留心隔着墙壁有人在贴耳偷听。

【注释】

①易：忽视。

②輶：轻视。

③攸：所。

④属耳：以耳附壁而窃听。

⑤垣：墙。

【评解】

这两句告诉人们说话做事要小心谨慎，防止隔墙有耳，被人偷听。历史上就有很多败于小人窃听的大事。易是轻易、疏忽的意思。輶是指古代的一种车子，这种车子轻便，小巧，引申为轻忽、轻率。对一些小事很容易轻视、疏忽叫“易輶”。“攸畏”是所畏，有所畏惧。不要轻视小事，不要疏忽很容易的事情，人往往是在阴沟里翻船，一定要重视，这就是“易輶攸畏”。

讲话时要小心，不能旁若无人。为什么呢？因为“属耳垣墙”。属的本义是连接，有关联。耳是耳朵，垣是用土坯垒的矮墙，耳朵与墙是连着的。这是说隔墙有耳，讲话要小心，要有所畏惧，不要旁若无人。

【国学小百科】

文言文

文言文是中国文化的瑰宝，在白话文运动之前，文言文盛行一时。我们研究古代历史不得不借助于文言文。

文言文是相对白话文而言的，其特征是以文字为基础来写作，因此注重典故、骈骊对仗、音律工整，并且不使用标点。在“白话文运动”之前，除了白话文小说外的文章均由文言体写成，包含了策、诗、词、曲、八股、骈文古文等多种文体。

文言文复兴从表面看来是对胡适等人提倡白话文的否定，实质上则是对白话文运动的引申。推广白话文的运动使广大群众接受文化知识容易了很多，但却大大减少了传统中国文化的直接受众，因而就使中国文化的传承遭受了前所未有的威胁。

【相关链接】

董承之死

东汉末年，曹操专权，汉献帝害怕他的权势，于是写了一封密诏，命令董承讨伐曹操。自从国舅董承接了汉献帝的讨曹操衣带血诏后，联络王子服、马腾等人共同商议讨伐曹操的事情，却无计可施。又看见曹操骄横愈甚，忧愤成疾。

汉帝知道国舅染病，命太医吉平随身用药调治，昼夜不离。吉平常见董承长吁短叹，不敢动问，时值元宵，董承留吉平共饮，饮至半夜，董承自觉困倦，和衣而睡。梦见王子服来报，马腾、袁绍、刘表联合起兵出击曹操，曹操尽是许昌兵马，分头迎敌，城中空虚。至半夜，自己披挂绰枪上马，带领众家奴，杀入曹府内门。提剑徒走直入后堂，只见曹操正在设宴，大叫“曹贼休走?”一剑剁去，曹操随身而倒。霎时醒来，乃南柯一梦，口中犹骂“曹贼”不止。忽见吉平在旁，董承惊惧不已。好在吉平也对曹操不满，二人志同道合，又商议起杀曹的事来。

后来吉平断指为誓，表示一定要杀死曹操。于是，他在为曹操诊病时，暗下毒药，但没有成功。曹操知道后对他百般拷问，吉平也没有屈服，后被曹操杀害。

董承有一个家仆叫苗泽，因为与董承的妾妃私通，受到董承的责罚而逃离董府，把董承密谋杀害曹操的事情告诉了曹操。曹操于是率领兵卒杀了董承、马腾。

具膳餐饭，适口充肠

【译文】

安排一日三餐的膳食，要适合各位的口味，能让大家吃饱。

【注释】

①具膳：准备食品。

【评解】

这两句讲述普通的家居生活，告诉人们饮食的原则——合理搭配，可口适宜。

具是动词，有准备、料理的意思。餐在古汉语中也是动词，有吞食的意思，如餐风饮露。膳、饭是同一类概念，是不同的饮食种类，含义不一样。膳字带个肉月旁，肉食为膳；五谷煮的素食叫饭。

“具膳餐饭”说的是荤素饮食的准备，要注意两个原则：一个是适口，一个是充肠。适口是可口、咸淡适宜的意思，充肠是吃饱的意思。适口就是要因人而异，因地制宜，没有统一的标准。

【国学小百科】

皇帝的饮食

从北齐到清朝，光禄寺一直是专门负责宫廷饮食的机构。隋唐还开设了第二个御膳机构——殿中省尚食局。光禄寺主要负责祭祀用的食品、宫廷宴会的食品和在京官员的膳食，拥有职员数千人。殿中省尚食局则负责皇帝的日常膳食，其首脑为奉御，确保供应的食物符合皇帝的饮食禁忌。

皇帝用餐有一整套必须遵循的程序。皇帝进膳时，禁卫森严，不许闲人过往。皇帝的菜品端上来后，先要用银制品测试饭菜是否有毒，然后还要由专人“尝膳”，确定没有问题后，皇帝才能吃。

饮食中的“中国宫廷之最”当属清代。通常，皇帝每餐要有20多道菜肴，4种主食，两种粥（或汤）。菜肴以鸡、鸭、鱼、鹅、猪肉和时令蔬菜为主，以山珍海鲜、奇瓜异果等为辅。

【相关链接】

荆南名肴湘妃糕的传说

湘妃糕是一道历史悠久的荆南名菜。传说很久以前，尧帝禅让给舜，舜帝即位后关心民间疾苦，带了娥皇、女英两位妃子南巡，一路来到荆楚大地王家湖（就是今天的湖南王家湖）边上。

不料湘妃娥皇因一路辛苦染了疾病，茶饭不思，什么菜也不想吃。舜帝劝她，何不吃点鲜鱼？娥皇一听，果然高兴起来，但过了一会儿又说，不想吃鱼了。舜帝问她为什么，她说鱼肉虽鲜美，可惜刺多难咽。

湘妃的这番话传到御厨耳朵里，他就取来大鱼一条，去其头尾，剔刺去骨，将鱼肉剁成茸泥，加入肥肉、蛋清、生粉等佐料一起搅拌调匀，放入笼中旺火蒸熟，凉后切成条块为糕状，献给湘妃。娥皇尝后胃口大开，不数日身体就好了起来。舜帝十分高兴，于是将其命名为“湘妃糕”。

饱饫烹宰，饥厌糟糠

【译文】

饱的时候，即使是大鱼大肉也感到厌烦；饿的时候，对粗菜淡饭也很满足。

【注释】

①饫：厌。

②烹宰：指鱼肉荤食。

③厌：通“餍”，满足。

【评解】

这两句说饮食中，饥饱影响食欲。

饫是因为吃饱了而厌倦，不想再吃了叫饫。烹是水煮，宰是宰杀。烹宰是肉食的准备。“饱饫烹宰”是说，吃饱了以后，再好的东西来了也不想吃了。

厌是满足的意思，如《论语》中孔子的话：“学而不厌，诲人不倦，何有于我哉?”糟是酒渣，古代没有提纯技术，酒不过滤，这样的酒也称为糟。现在吃醪糟酒在南方各地还很流行，在淮阳有糟鱼、糟鸡等名菜。糠是谷子的外壳，用作饲料。“饥厌糟糠”是说，没吃的时候，有糟糠也就满足了。

【国学小百科】

厨师业的鼻祖——伊尹

商朝名相伊尹是厨师业的鼻祖。传说，伊尹的母亲生伊尹后不久饿死，一名采桑女在路旁发现伊尹带回送交莘国国君，国君为其取名伊尹，并交由一厨师扶养。伊尹自小耳濡目染，而精于烹割，其烹调技术精湛，闻名遐迩。

伊尹不仅厨艺精湛，还是一位饱学之士。后来，他辅佐成汤，提出了“五味调和”德政论，“治大国若烹小鲜”的社会管理论，蕴含着深刻哲理和辩证思想。伊尹还是我国制药学的先驱，创制了“食疗方”和汤剂。

【相关链接】

珍珠翡翠白玉汤

明朝开国皇帝朱元璋，一次兵败，逃到休宁一带。腹中饥饿难熬，命随从四处寻找食物。一个随从找到一些逃难百姓藏在草堆里的剩饭、白菜和豆腐。因为实在找不到其他东西了，这个随从只得将剩饭、白菜和豆腐用水煮了，端给朱元璋吃。不料朱元璋吃得非常高兴，连连称赞味道鲜美，还问随从说：“这是什么美食?”随从机灵，顺口答道“珍珠（剩饭）翡翠（白菜）白玉（豆腐）汤”。

后来，朱元璋转败为胜，朱元璋下令随军厨师大量烹制“珍珠翡翠白玉汤”来犒赏三军。自此，这种“汤饭”（稀饭）的做法在百姓中广为流传。

亲戚故旧，老少异粮

【译文】

亲属、朋友会面要盛情款待，老人、小孩的食物应和自己不同。

【注释】

①异：不同。

【评解】

这两句是讲述待客之道，亲戚朋友会面要尽量盛情款待，老人和孩子的食物应注意有所不同。老人牙口不好，消化功能弱，要吃软的、暖的；小孩子身体正值发育，牙齿好，胃火大，爱吃凉的、硬的、黏的。

亲戚两个字含义不同，只是现代汉语重叠使用罢了。“亲戚”按父亲一支，父属同姓为亲，母亲一支、妻子一支，母属、妻属不同姓为戚，内亲外戚，在血缘关系上不一样。故旧是指老朋友，相识多年。另外故旧也是指我们的传统，做人固不可以喜新厌旧，不尊重自己的传统也是不应该的。

【国学小百科】

古代亲属的称谓

古代将凡血缘相近的同姓本族和异姓外族都称作亲属。具体称谓如下：

祖（王父、祖父）：父之父。

祖母（王母）：父之母。

曾祖父、母：祖之父、母。

高祖父、母：曾祖之父、母。

曾孙：孙之子。

玄孙：曾孙之子。

来孙：玄孙之子。

世父（伯父）：父之兄。

叔父：父之弟。

世母（伯母）：世父之妻。

叔母（婶）：叔父之妻。

姑（姑母）：父之姊妹。

姑父：姑之夫。

从祖祖父（伯祖父、叔祖父）：父之伯叔。

从祖祖母（伯祖母、叔祖母）：父之伯母、叔母。

从祖父（堂伯、堂叔）：父之从兄弟。

从祖母（堂伯母、堂叔母）：从祖父之妻。

族曾祖父（族曾王父）：祖父的伯叔。

族曾王母：祖父的伯叔之妻子。

族祖父（族祖王父）：族曾祖父之子。

族父：族祖父之子。

族兄弟：族父之子。

嫂：兄之妻。

弟妇：弟之妇。

从子（侄）：兄弟之子。

从女（侄女）：兄弟之女。

从孙：兄弟之孙。

甥（外甥）：姊妹之子。

女婿（子婿、婿）：女之夫。

中表（姑表）：父之姊妹之子女。

外祖父（外王父）：母之父。

外祖母（外王母）：母之母。

外曾王父：外祖父之父。

外曾王母：外祖父之母。

舅（舅父）：母之兄弟。

舅母（妗子）：舅之妻。

从母（姨母、姨）：母之姊妹。

姨父：姨母之夫。

中表（姨表）：姨之子女。

从母兄弟、从母姊妹（姑表兄弟姊妹、姨表兄弟姊妹）：母之兄弟姊妹的子女。

外舅（岳父、岳丈、丈人、泰山、岳翁）：妻之父。

外姑（岳母、丈母、泰水）：妻之母。

姨（姨子）：妻之姊妹。

妻侄：妻之兄弟之子。

舅（嫜、公）：夫之父。

姑（婆）：夫之母。

姑嫜、舅姑：夫之父母（俗称公婆）。

伯叔（大伯、大叔子）：夫之兄弟。

小姑子：夫之妹。

娣妇：夫之弟妇。

姒姆：夫之嫂。

娣姒、妯娌：弟妇与嫂的简称。

【相关链接】

苏东坡烧契约

北宋年间，苏东坡辞去官职，在荆溪边买了一栋住宅，归隐于此。一天，他正在院外散步，突然听到从一间破旧民房中传来老妪的哭声，便前往问明原因。原来是老人不孝的儿子卖掉了她祖居的房子。再一深问，苏东坡才知道自己买的那栋房屋，正是老人祖居的房屋。

苏东坡立即回到家中，拿出房屋契约，在老人面前烧毁，并表示不会索要买房的钱财，而且狠狠责备了老人的不孝儿子，并且让老人搬回到祖居的老屋去住。

妾御绩纺，侍巾帷房

【译文】

小妾婢女要管理好家务，尽心恭敬地服侍好主人。

【注释】

①御：从事。
②巾：指帽子、带子之类。
③帷房：指内房。

【评解】

古代不是一夫一妻制，古人有妻有妾，但是妻子只有一个，妾可以有几个。而且妻妾地位不同，妻子管理家务，妾负责绩麻纺线、织布做鞋一类的女红。妾的工作是“侍巾帷房”，就是要服侍好主人的起居穿戴。御是治理、管理的意思，古代上对下的治理叫御。绩是绩麻，就是把麻纤维披开来搓成线，纺是将丝纤维制成纱或线。

侍是服侍，巾是拢发包头的布。先秦时代，男子十八岁至二十岁行冠礼，戴帽子，表示成人。秦汉以后，有官职、有禄位的人才可以戴冠，没有功名的白丁只能戴头巾。这里的巾，泛指衣冠。帷房是寝房内室，古代房中有帷幕，床上有幔帐，既可以隔音，又可以保护隐私。布幔在两旁的叫帷，在上的叫幕。

【国学小百科】

古代衣料的变迁

上古时代，人们穿的是动物的毛皮，紧接着，古人又发明了利用植物的内皮纤维纺纱织布；在五千多年前，古人发明了养蚕缫丝织帛。因为还不懂种棉花，上古的布不是棉织品，而是麻织品或葛织品，丝织品则称为帛。穷人穿不起帛只能穿布衣，但最粗劣的衣料是褐，是用粗毛编织的。老子说“披褐怀玉”，就是人不可貌相。

商代衣服材料主要是皮、革、丝、麻。由于纺织技术的进展，丝麻织物已占重要地位。商代人可以织造精美的绸缎，衣服质地厚重。棉花在秦汉时期才传入我国，自此有了棉布做的衣服。

绢、绸、缎，统称为帛，通常，我们误认为绢、绸、缎是指同一种东西，实际上是完全不同的三种丝织品。

绢是厚而疏的生丝织物，绢都是白的，没有染色的，故此女子多用绢（娟）取名以示女子的贞洁。原始的绢即帛，帛者白巾也，有钱人可以把帛当成纸用以书写，秦汉时期就有帛书。1973年中国湖南长沙马王堆西汉墓出土了大量的帛书，内有老子《道德经》《易经》等，非常宝贵，是我们见到的最古老的《道德经》本子。

“锦帛”是指用熟丝（染色丝）密织的帛，其中薄者为绸，厚者为缎。

【相关链接】

嫘祖制衣

相传，嫘祖是西陵氏之女，是传说中的北方部落首领黄帝轩辕氏的元妃。她自幼聪颖，一日，嫘祖采摘野果时发现蚕吐丝结茧，她就细心观察蚕的生长规律。后来，嫘祖将野桑茧变为家养，又发明了一些缫丝的工具，实现了她以丝绸做衣服的梦想。

从此，开启了西陵部落衣着文明时代，结束了穿树叶、披兽皮的生活方式。年轻的嫘祖以发明丝帛而名震西陵，并受到黄帝的仰慕。

嫘祖与黄帝联盟联姻，巡行天下，教民养蚕，普及蚕桑丝绸文化。

纨扇圆絜，银烛炜煌

【译文】

绢制的团扇像满月一样又白又圆，银色的烛台上烛火辉煌。

【注释】

①纨扇：绢扇。
②絜：通“洁”。
③炜煌：明亮。

【评解】

纨扇是古代白色圆形的绢扇，可以在上面题字、作画。白色生丝织成帛叫作绢，齐地（齐国）出产的绢最有名，叫作纨。古语有称“纨绔子弟”的话，就是说穿着用绢做的裤子，泛指富家子弟衣着华美。

上古时代没有蜡，所谓的“烛”是照明用的火炬、火把，不是蜡烛。唐朝以后才有了由动物、植物或矿物油质制作的蜡烛，如有石蜡、蜂蜡、蜜蜡等。素蜡就是白色的蜡烛，形容人的脸色不好称为“蜡白”。“银烛”就是银白色的蜡烛，炜煌是火光炫耀的样子。

【国学小百科】

扇子文化

扇子起源于中国，已有三千多年的历史。扇子最早出现于殷商，用五光十色的野鸡毛制成，称之为“障扇”，故“扇”字里有个“羽”字。

起初，扇子不是用来扇风取凉的，而是用来给帝王外出巡视时遮阳挡风避沙。西汉以后，扇子开始用来取凉。东汉时，大都改羽扇为丝、绢、绫罗之类织品，以便点缀绣画。一轮明月形的扇子称之为“纨扇”或“团扇”，也叫“合欢扇”。折扇出现于北宋，到明朝时盛行于朝野上下。

我国扇子种类繁多，制作工艺丰富，材质也不同。扇子用得多了，自然就衍生了扇子文化。古人在扇子上题诗作画，猜谜对联，情趣高雅。在舞台上，扇子也是重要的道具。而扇舞也是广受喜爱的优美舞蹈。扇子从古至今也是馈赠亲朋、传情达意的佳品。

【相关链接】

孔尚任著《桃花扇》

孔尚任，清初诗人、戏曲家，是孔子第六十四代世孙。37 岁前，孔尚任在家过着养亲、读书的生活。他接触了一些南明遗民，了解到许多南明王朝兴亡的一手史料和李香君的轶事，开始了《桃花扇》的构思和试笔，但“仅画其轮廓，实未饰其藻采也”。

孔尚任经十余年的苦心经营，终于三易其稿写出了《桃花扇》这部传奇剧本，共有 40 出，舞台上常演的有《访翠》《寄扇》《沉江》等几折。

《桃花扇》一书借描写侯方域和李香君悲欢离合的爱情故事反映了明末南明灭亡的历史戏剧。“借离合之情，写兴亡之感，实事实人，有凭有据。”是一部对后世影响很大的历史剧。

昼眠夕寐，蓝笋象床

【译文】

白日小憩，晚上就寝，有青篾编成的竹席和象牙雕屏的床榻。

【注释】

①昼：白天。

②寐：睡眠。

③蓝笋象床：以蓝青染过的笋席，用象牙装饰的床。

【评解】

“昼眠夕寐”是说在白天午休片刻，晚上就寝入睡。

眠者寐也，二者都是熟睡的意思。“蓝笋象床”说的是卧具，有青篾编成的竹席和象牙装饰的床榻。蓝是古代用于染青之草，从中可以提取出青颜色，荀子在《劝学篇》说过“青取之于兰而青于兰”的话。

笋是嫩竹子，用嫩竹篾编的席子既柔软又凉爽，再用蓝草染成青色，是很贵重的。《书经·顾命》里就有“敷重笋席”的话。象床指的是用象牙装饰的床，床架用硬木雕花镂空，中间镶有象牙和贝壳等装饰品。

【国学小百科】

“眠”“寐”之别

古代称睡觉为“寐”，有“夜不能食，食不能寐”之说。后来因为“寐”有坐着寐、躺着寐之别，于是把坐着寐的称“睡”，躺着寐的称“眠”。

“眠”目字旁偏于闭目安然的样子，“寐”，上面的“宀”代表房子，下面是“床”，表示安卧熟睡的样子。“眠”是很随便地闭目小憩一下，“寐”可就是正规地躺在床上大睡。“寐”字用得很正规，如“梦寐以求”“夜不能寐”。“眠”就用得很随便了，如春眠、冬眠。

【相关链接】

曹操梦中杀人

曹操为人疑心很重，他对身边的人都严加防范，近乎病态。曹操因怕别人暗中加害，所以经常吩咐左右说他会梦中杀人，他睡着了以后，别人不要近身，以防被他杀掉。

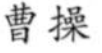

曹操

侍从口头应承，心里却不以为然。曹操为使侍从相信自己说的话，一天夜里，故意弄掉被子，佯装酣睡。一个近侍看到曹操被子掉地，担心他受冻着凉，就小心翼翼地帮曹操盖好被子。不料，曹操一跃而起，提剑杀死了这个侍从，然后倒头又睡。其他侍从吓得面无人色，但是又都不敢靠近。

第二天，曹操起床后看到侍从的尸首，故意问左右是怎么回事，左右如实禀报。曹操深感内疚，下令厚葬这个侍从。自此，朝野上下都相信曹操会梦中杀人。

弦歌酒宴，接杯举觞

【译文】

奏着乐，唱着歌，摆酒开宴；接过酒杯，开怀畅饮。

【注释】

①觞：音 shāng，酒杯。

【评解】

这两句描述宴会中觥筹交错的场景：乐声响起，歌声回荡，舞姿曼妙，人们高举酒杯，开怀畅饮。

“弦歌”是“鼓弦而歌”的简称，“弦”字的古写应该是“纟”旁，“弓”字旁的弦是弓弦，与丝竹之声的丝弦乐是完全不同的。此处的“弦歌”是引用《论语》里孔子的话。《论语·阳货篇》里有：“子之武城，闻弦歌之声。夫子莞尔而笑曰：割鸡焉用牛刀？”

古代的酒具分盛酒器和饮酒器，尊觥壶是盛酒器，杯觞爵则是饮酒的器具。战国以后，木质酒杯出现，椭圆形两侧有耳，又称耳杯、羽觞。觞是兽角雕刻的，爵则是古代饮酒具的通称，作为专用名称的爵是三条腿的青铜器，下面可以点火，用来温酒、热酒。

【国学小百科】

古代的酒具

古代酒具可分为三种，即盛酒器具、饮酒器具和温酒器具。

盛酒器具是一种盛酒备饮的容器。其类型很多，主要有：尊、壶、区、卮、皿、斗、鉴、爵、斛、觥、瓮、瓿、彝、杯。

饮酒器的种类主要有：觚、觯、盅、角、爵、杯、舟、白。不同身份的人使用不同的饮酒器。

温酒器，饮酒前用于将酒加热，配以杓，便于取酒。温酒器有的称为樽，汉代流行。每一种酒器又有许多式样，有普通型，有动物造型的。以尊为例，有象尊、犀尊、牛尊、羊尊、虎尊等。

【相关链接】

杜康造酒

“酒圣”杜康，又名少康，是夏朝的第五位国王。据《史记·夏本纪》记载，夏朝第四位国王帝相在宫廷政变中被杀，帝相的妻子后缗氏已怀身孕，在逃亡路上生下了儿子，希望他能像爷爷仲康一样有所作为，所以取名少康。

少年的杜康以放牧为生，带的饭食挂在树上，常常忘了吃。过了很久，杜康发现挂在树上的剩饭变馊，但是流出的汁水竟甘美异常，这引起了他的兴趣。他反复地尝试、思考，终于发现了自然发酵的原理，并不断改进，终于形成了一套完整的酿酒工艺，从而奠定了杜康中国酿酒业开山鼻祖的地位，其所造之酒也被命名为“杜康酒”。

矫手顿足，悦豫且康

【译文】

情不自禁地手舞足蹈，真是又快乐又安康。

【注释】

①矫：举起。
②悦豫：喜悦。
③康：安乐。

【评解】

这两句话承接上文描述宴席上，酒过三巡，人们兴致浓厚，手舞足蹈的快乐场景。

矫是高举的样子，举手、抬头都可以用。陶渊明在《归去来兮辞》里有“策扶老以流憩，时矫首而遐观。云无心以出岫，鸟倦飞而知还”的诗句。顿足是随着音乐的节拍跺脚。悦是喜悦，豫是心里面舒适、安乐，康是身心康泰、康乐。

“矫手顿足”可以看出人们身体矫健，全无疲惫之意。“悦豫且康”形容心悦，身心二者都快乐康泰，才是“悦豫且康”。

【国学小百科】

千手观音的来历

千手观音是佛教六观音之一，备受人们喜爱。在民间还流传着一个关于千手观音的来历的动人故事。

相传，古代兴林国妙庄王有三位美丽的公主，长女唤作妙金，次女唤作妙银，小女唤作妙善。妙金、妙银都在家中侍奉父母，惟妙善从小虔诚礼佛，出家当了尼姑。妙庄王不幸全身长了五百个大脓疮，久治不愈。后来有位医生说此病必须要亲骨肉的手眼合药才能治好。但是妙金、妙银二位公主都不愿献出手眼。妙善知道后，毅然献出手眼为父亲合药治病，妙庄王很快病体康复。

妙善献手眼救父的事情感动了释迦牟尼。他赏赐了千手千眼给妙善公主，使妙善公主能时时拯救苦难众生。于是，妙善公主就变成了众生祈求的拥有千手千眼的观音菩萨，也就是千手观音。

【相关链接】

老莱斑衣

春秋时期楚国人老莱子，为人敦厚，对父母非常孝顺。每天他都把最可口的食物端到父母面前，把最好的衣物、用品奉献给父母使用。一年三百六十五天，天天如此，极尽关怀照顾，非常体贴。

即使年过七十后，老莱子在父母亲的面前，从来都没有提到过一个“老”字。而且为了逗年迈的父母开心，老莱子还常身穿五色彩衣，手持拨浪鼓如小孩子般戏耍。一次他为双亲送水，进屋时不小心跌了一跤，他怕父母伤心，索性躺在地上学小孩子哇哇大哭，撒泼耍赖，把两位老人逗得哈哈大笑。

嫡后嗣续，祭祀烝尝

【译文】

子孙继承了祖先的基业，一年四季的祭祀大礼不能疏忘。

【注释】

①嗣：继承。

②烝：音 zhēng，冬祭。

③尝：夏祭。

【评解】

妻妾有别，身份地位相差悬殊。妻所生之子为嫡子，妾所生之子为庶子，庶是众多的意思。先秦礼制，嫡子只有一人，是妻所生的长子，嫡子有继位之权。后是能够承祖之宗的后代，宗的本义为宗庙、祖庙，后世多指血缘关系。嗣是子嗣，也就是后代子孙的意思，其本义是诸侯传位给嫡长子叫嗣。续是继承、接续的意思。

祭祀是以食物祭奠天、地、祖先的一种大礼。烝尝是礿禘尝烝，四时之祭祀的简称。《礼记·王制》规定："天子诸侯宗庙之祭，春曰礿（yuè），夏曰禘（dì），秋曰尝，冬曰烝。"这是夏商两朝的祭祀，在一年中有春分、夏至、秋分、冬至四个正时的祭祀。周朝与商朝有所不同，"春曰祠，夏曰礿"。这里仅用"烝尝"两个字，代指四时祭祀。

【国学小百科】

古代的祭祀

古代祭祀根据祭拜对象分为五种：祭天、祭地、祭祖、祭神、祭灶。根据祭祀的等级有三牲祭（羊豕犬），有五牲祭（马牛羊豕犬）。祭祀时要杀牲，把牲肉放在祭台上。

祭祀在我国古代"五礼"之中居首位，称为吉礼。它主要是对天神、地祇、人鬼的祭祀典礼。其主要内容可包括三个方面：一是祭天神，即祭昊天上帝，祭日月星辰，祭司中、司命、风师、雨师等。二是祭地祇，即祭社稷、五帝、五岳，祭山林川泽，祭四方百物等。三是祭人鬼，主要为春夏秋冬享祭先王、先祖。

凶礼主要是哀悯、吊唁、忧患。祭天称为祭，祭地叫作祀，祭祖叫作享。

【相关链接】

进贡包茅

公元前656年，齐桓公召开诸侯大会，商讨问罪楚国的事情。楚成王遣使相见，齐国宰相管仲提出楚国的一条大罪："我们两国虽然相隔很远，但都是周天子所封的诸侯。当初齐国太公受封的时候，曾经接受过诏命，如果谁要是不服从天子，齐国有权征讨。你们楚国本来每年向天子进贡包茅，为什么现在不进贡呢？”

这里所说的包茅是产于楚国一带的一种茅草。先秦时代酿酒工艺比较原始，酒中有很多混浊的渣滓，以此来祭祀上天和祖先就显得颇为不敬。所以在那时候的祭祀大典上，祭酒时都要将酒倒在束好的青茅上，以象征神饮酒。被青茅过滤后敬给神的酒就是纯净的了，而进贡包茅一直是楚国的事。

在先秦时期，祭祀是国家最重要的大事。楚国不进贡包茅就表示轻视国家神圣的祭祀大典。当时楚国国力强大，齐国想杀杀楚国的威风，于是想到了这个借口。后来楚国承认了错误，答应恢复包茅的进贡。齐桓公看到杀楚国威风的目的已经达到，而楚国军力强盛打下去也没好处，于是和楚国立下盟约，这件事就结束了。

稽颡再拜，悚惧恐惶

【译文】

跪着磕头，拜了又拜；礼仪要周全恭敬，心情要悲痛虔诚。

【注释】

①稽颡：叩头以额至地。颡：音 sǎng，额头。

【评解】

这两句是说行礼要周全，充分表达内心的虔诚。稽颡是屈膝下跪，叩头时额头触地的一种跪拜礼。稽是停留、到达的意思，颡是额头，额头触地停留一会儿叫稽颡。拜在古代是两手合于胸前，头低到手的一种礼节，后世发展为两手着地的大礼。

“稽颡再拜”一句出自《礼记·射义》，其中有“再拜稽首”。再是第二次，“一而再，再而三”中的“再”就是这个意思。行跪拜礼，拜了又拜，叫作“稽颡再拜”。

“悚惧恐惶”描述敬畏、畏惧、战战兢兢的心理，是一个人诚敬到极点时的心理反应。

【国学小百科】

三拜九叩的来历

古人行跪拜礼，那么拜多少才是标准呢？按古制，一拜是三叩首，最多是三拜。拜三次总共九次叩首。由此看来三拜九叩是大礼，是最高的礼节。

古代的这种跪拜礼是与当时的物质和客观条件有关的。汉代以前，没有凳椅，人们进食、议事和看书时，只在地上铺一块苇席或竹篾，即席子。人坐在席子上，称为“席地而坐”。古人坐时两膝着地，臀部坐在后脚跟上，脚掌向后向外分开。

实际上，古人的“坐”，就是现在的跪。古代宾主相聚，席地而坐。主人向客人致谢，为了表示尊敬，往往伸直上半身，“引身而起”，使坐变成跪，然后俯身叩头。就这样，久而久之，逐渐形成了跪拜礼。

【相关链接】

蔡撙拒答

蔡撙为南朝梁武帝时吏部尚书，并以纳言（侍中）代宰相职。梁武帝在一次招待群臣的宴会上，连呼其姓名“蔡撙”多次，这位蔡尚书很有个性，压根不搭理皇帝陛下，竟“不答，食饼如故”。梁武帝喊了好几声，见他置若罔闻，知道他生气了，就改喊“蔡尚书”，这位尚书才放下餐具，捧起笏板，应了一声。

皇帝也有点生气，就问道：“卿刚才耳朵那么聋，怎么这次就灵了？”蔡撙回答道：“我是朝官，陛下您不应该以名垂训。”弄得个皇帝面有愧色，不好说什么了。蔡撙敢于对皇帝称呼他的名字感到不满，就基于当时君臣关系还保留着先秦两汉时期互相礼敬的遗风。直到唐代以后，皇帝对臣下称字而不称名的现象才不多见了。

笺牒简要，顾答审详

【译文】

给别人写信要简明扼要，回答别人问题要详细周全。

【注释】

①牒：书札。

②顾答：回答问题。

【详解】

笺牒代指书信，笺是信纸的意思，如便笺、手笺等。牒是古代书写用的木片或竹简，小的叫牒，大的叫册；薄者曰牒，厚者曰牍。笺牒则代表了书信。“笺牒简要”是说，写给他人的书信要简明扼要，不要啰唆。顾是回顾，答是复答。“顾答审详”的意思是回答别人问题要详细周全。

从清朝皇宫的藏书室里面保留的清宫档案我们可以看到，无论是康熙、雍正还是乾隆，批复大臣的奏章，朱砂御笔的批字是原奏章字数的数倍，尤其是雍正小奏章都要批上数百字，真是苦口婆心，反复叮嘱。

【国学小百科】

古代书信的传递

传递书信是人们交流感情的一种重要手段。古代的书信传递方式千奇百怪。古代有信使和专门为信使提供马匹的驿站，但这些基本是为政府服务的。平民百姓由于文化水平的限制，一般是不使用书信进行联系的，大致上是靠口信和他人的描述来传情达意。

羽檄就是插有羽毛的书信，一般是在战事紧急时使用。鸡毛信也

是古代羽书的一种，就是在书信上粘插鸡毛。这种传递书信的方式在少数民族地区使用广泛。信鸽传书大多用于军队之间传递情报。急脚递是古代传递紧急军事情报的另外一种手段，俗称“传金牌”。而鸿雁传书只是诗人借助大雁迁徙来寄托自己的情感也随之远去，浪漫主义色彩浓厚，实际上并不存在。

【相关链接】

鸿雁传书

唐朝大将薛平贵，远征在外，多年未归。妻子王宝钏苦守寒窑数十年矢志不移。有一天，王宝钏正在野外挖野菜，忽然听到空中有鸿雁的叫声，一声声凄厉的雁声勾起她对丈夫的思念。

动情之中，她请求鸿雁代为传书给远征在外的薛平贵，好心的大雁欣然同意，可是荒郊野地到哪里去寻笔墨？情急之下，王宝钏撕下罗裙，咬破指尖，用鲜血写下了一封家书，让鸿雁捎去。终于薛平贵远征胜利，荣归故里，和妻子王宝钏团聚一堂。

鸿雁传书

骸垢想浴，执热愿凉

【译文】

身上有了污垢，就想洗澡，好比手上拿着烫的东西就希望有风把它吹凉。

【注释】

①骸：身体。

②垢：污垢，脏。

③执：持，捧。

【评解】

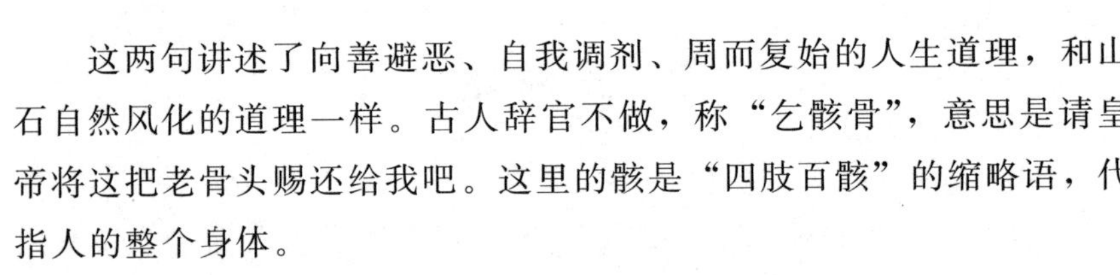

这两句讲述了向善避恶、自我调剂、周而复始的人生道理，和山石自然风化的道理一样。古人辞官不做，称“乞骸骨”，意思是请皇帝将这把老骨头赐还给我吧。这里的骸是“四肢百骸”的缩略语，代指人的整个身体。

“执热愿凉”的意思是说，有热东西捧在手里，人们就希望快点有风把它吹凉。现实生活中，我们也是如此，端杯热茶不停地吹气，希望它快点凉。这都是人之常情，是人的共同心理。

【国学小百科】

家　谱

作为炎黄子孙，都有浓浓的寻根情结：我从哪里来？我的根在哪里？要回答这个问题，只有依据一种特殊的历史文献，这就是家谱。谱，也叫族谱、宗谱、家乘、房谱、世谱等，是同宗共祖的男姓血亲集团，以特殊的形式记载本族世系和事迹的历史图籍，内容包括姓氏源流、家族迁徙、世系图录、人物事迹、风俗人情等。其中最重要的是世系图录，即记载始祖、始迁祖以来的本家族历代先祖名录，这是确认是否是家谱的重要标志。中国家谱由来悠远，产生于上古时期，完善于封建时代。

家谱的其中一个重要价值就是寻根。家族渊源和世系图表是家谱中最为重要的内容，这是当代人寻根问祖的重要资料，而且只有家谱才能提供这些资料。很多人查家谱都是想寻根问祖。当他们从家谱中查到自己的祖先时，其兴奋之情是难以形容的。中华民族有着强大的凝聚力和向心力，通过家谱寻根问祖，对于增强海内外华人的凝聚力和向心力，进而促进祖国统一大业的完成有着重要的意义。

【相关链接】

作恶受惩

清朝时，献县有兄弟俩，哥哥叫李金梁，弟弟叫李金柱，他们二人都是有名的强盗。一天夜里，李金梁梦见早已去世的父亲，对他讲道："有的强盗不会遇到大祸，有的强盗会遇到大祸临头。为什么有的不败，有的会败呢？你知道其中的道理吗？对方如果是罪大恶极的坏人，就是把他杀死了也无害，因为这种人，本来就是上天所深恶之徒。但是，如果对方心地善良，他的钱财是正当收入所得，这叫'财由义取'，那就是上天给他的福惠。若是偷盗了这种人的钱财，就是违背天意。悖天者终必败，所以就会有大祸临头。你们兄弟二人，从前打劫过一位贞节妇女，使她们母子冤哭，鬼神都怒目注视着你们。如不改悔，灾祸便不远了。"过了一年多，兄弟二人果然一并伏法。

驴骡犊特，骇跃超骧

【译文】

家里有了灾祸，连牲畜都会受惊，狂蹦乱跳，东奔西跑。

【注释】

①犊：小牛。
②特：大牛。
③骧：奔跑的马。

【评解】

小牛叫作犊，大牛叫作特，"驴骡犊特"泛指家中的大小牲畜。骇是惊骇，受到惊吓；跃是跳起来了；超是一个跳到另一个前面去。

这句话的意思是要我们居家谨慎小心，要注意安全。现在的家庭电器种类繁多，像高压锅、电饭煲、电热器……如果使用不当，轻则电器报废，重则会伤及人身，毁坏家居。所以选购家用电器要谨慎，使用更要按照说明，防患于未然。

【国学小百科】

汗血宝马

汗血马，又称天马、大宛马，在我国很多古籍中都有记载。张骞出使西域，得到了汗血马，汉武帝十分高兴，“获汗血马来，作西极天马歌”。

民间对汗血马有更为丰富和神奇的传说，武侠名著《射雕英雄传》中就有一段对汗血马的精彩描述，神话故事中更是产生了“马生两翼”“天马行空”“飞黄腾达”的形象。

我国古代利用快马传递军事信息的驿站，最紧急的是“五百里加急”，而相传汗血宝马能够日行四千里。这是一个一种令人无法想象的耐力和速度。1985 年，在甘肃武威出土的珍贵文物“马踏飞燕”也正是汗血宝马，马跑起来都可以踩到天上的飞燕，可见速度是多么惊人！

【相关链接】

城门失火，殃及池鱼

京城的城门下面有个池塘，一群鱼儿自由自在地在里面生活着。有一天，忽然城门上着了大火，一条鱼看见了大叫道：“不好了，城门着火了，我们赶快逃跑吧！”但是，其他鱼不以为然，认为城门失火，离它们居住的池塘很远，用不着大惊小怪。

结果，除了那条鱼之外，别的鱼都没有逃走。人们赶来救火，他们从池塘里舀水往城门上泼，不一会儿，火被熄灭了。由于池塘里的水被淘干了，没逃走的鱼全遭了殃。

诛斩贼盗，捕获叛亡

【译文】

对抢劫、偷窃、反叛、逃亡的人要严厉惩罚，该抓的抓，该杀的杀。

【注释】

①诛：杀戮。

②亡：逃亡。

【评解】

这两句话就是说要执法严明，严厉惩罚盗贼，要追捕叛乱分子和亡命之徒。

秦汉以前，贼指叛国作乱、危害人民的人，如乱臣贼子，故有讨贼一称。窃货曰盗，偷人家东西的叫盗。盗字的甲骨文字形是：看着别人的器皿流口水，存心不善。秦汉前，把偷窃者叫盗，抢劫财物的叫贼。

“偷”字在古文里的意思是苟且、没皮没脸。成语“苟且偷生”不是说偷偷摸摸地活着，而是该死没死，将就着过活的意思。另外偷也指做人不厚道，待人刻薄，如《论语·泰伯》一篇就有“故旧不遗，则民不偷”一句。

【国学小百科】

古代的法制建设

我国古代推崇儒家思想，而儒家崇礼，礼是根据等差性原则制定的，也就是说，它主张应根据人的身份、地位以及所处的特殊环境，而给以区别性地对待。

法律遵循的则是普遍性原则，即它不允许任何个人或团体具有法律以外的特殊身份。中国的法典在具体制定时，更加尊重礼的等差性原则。荀子提出“有治人，无治法”，意即有尽善尽美的“人”，而没有尽善尽美的“法”。

法是人制定的。“君子者，法之原也”，有了好的“人”才能制定出好的“法”。“法”是靠“人”来执行的，有了好的“法”而没有好的“人”也是枉然。法律既不能包揽无遗，又不能随机应变，全靠“人”来掌握。

【相关链接】

安史之乱

安史之乱是唐朝从繁荣走向衰落的转折点。安，指安禄山，史，指史思明，“安史之乱”指他们起兵反对唐王朝的一次叛乱。安禄山在30岁之前，浑浑噩噩，无所事事。后来，安禄山发迹，官拜平卢节度使，在讨伐契丹时失利。按照军纪，他应该被处死。因唐玄宗偏袒，安禄山免受一死。

安禄山“百计谀媚”，以金钱贿赂其手下人，以结私恩。在唐玄宗面前，他“口有蜜，腹有剑”，千方百计讨得唐玄宗的欢心。安禄山竟然无耻地认年轻的杨贵妃为母，每次入见时，常常先拜贵妃，后拜玄宗，唐玄宗感到奇怪，问他为何先拜贵妃，他回答说：“胡人先母而后父。”唐玄宗对他愈加宠信。

安禄山在表面上装得呆头呆脑，但是内心则狡黠异常。暗地里，他悄悄集结党羽，调遣军队，包围了长安，一场安史之乱的浩劫由此开始。

最后，史思明与李光弼相持年余后被养子史朝义所杀。史朝义部下田承嗣、李怀仙降唐，安史之乱遂告结束。

布射僚丸，嵇琴阮啸

【译文】

吕布擅长射箭，宜僚有玩弹丸的绝活，嵇康善于弹琴，阮籍能撮口长啸。

【注释】

①布：吕布，三国时人，善射。
②僚：楚人宜僚，善玩弹丸。
③嵇：嵇康，长于弹琴。
④阮：阮籍，擅长吹箫。

【评解】

这两句话及其后两句总共介绍了古代的八个人，他们的技艺或解人纠纷，或方便百姓、造福社会，成为人们学习和效法的榜样。

“布射”讲的是三国时吕布的故事。吕布射中戟上的月牙支，帮刘备解了被困之围。“僚丸”是宜僚抛丸的故事。熊宜僚是楚国人，会一手抛球的绝活儿，八个球在空中，一个球在手里，一次就抛九个。“嵇琴”是嵇康抚琴的故事。嵇康是西晋时的名士，竹林七贤之一，善弹琴赋诗，曾在临死前奏《广陵散》。“阮啸”是阮籍长啸的故事。阮籍也是竹林七贤之一，“阮籍猖狂”，他常与刘伶等人借酒抒情，发泄对司马昭的不满。阮籍曾拜师学习“啸法”，在林中长啸，以抒发心中郁闷。

【国学小百科】

《广陵散》

《广陵散》是我国十大古典名曲之一。对于《广陵散》的出现年代，众说纷纭。因嵇康临刑请求弹奏《广陵散》，使得《广陵散》这首古代琴曲由此名声大振。

嵇康是竹林七贤之一，竹林七贤是指西晋时的嵇康、阮籍、山涛、刘伶、阮咸、向秀和王戎七位名士，他们看不惯当时西晋皇帝司马昭的作为，常常借酒醉嘲讽司马昭。终于把司马昭惹恼了，要杀嵇康。

嵇康面不更色，只要求再弹奏一次《广陵散》，三千太学生上书要求学习这首名曲，遭到朝廷拒绝。嵇康轻抚瑶琴，《广陵散》成为他的绝唱。一曲终了，嵇康叹息说："袁孝尼曾经向我请求学奏此曲，可我没有传授给他。我死之后，此曲绝矣！"

【相关链接】

班超投笔从戎

班超，字仲升，东汉人。他年轻时就很有抱负，饱读诗书，能言善辩。汉明帝永平五年（62 年），班超的哥哥班固任校书郎，而班超谋了份替官家抄书的差事。

一天，班超一边写字，一边叹气说："男子汉大丈夫，纵然没有其他什么志向谋略，也应当学学当年的博介子和张骞，在外建立功勋，怎么能够把时间浪费在抄抄写写上面呢？"后来匈奴入侵中原，班超从军入伍了。他英勇杀敌，大败匈奴，立下了赫赫战功。

公元 73 年，班超受遣出使西域，他克服重重困难，联络了西域的几十个国家，断了匈奴的右臂，使汉朝的社会经济保持了相对稳定，也促进了西域同内地的经济文化交流。班超在西域的 30 年里，为当时的边境安全，西域同中原的友好往来做出了卓越的贡献。

恬笔伦纸，钧巧任钓

【译文】

蒙恬造出毛笔，蔡伦发明造纸，马钧巧制水车，任公子垂钓大鱼。

【注释】

①恬：蒙恬，相传是笔的制造者。
②伦：蔡伦，纸的发明者。
③钧：马钧，三国时期发明家。
④任：任公子，擅钓。

【评解】

这两句承接上面继续介绍仁人志士。

“恬笔”讲的是蒙恬造笔的故事。蒙恬是秦始皇的大将军，曾领兵驻边，督造修筑万里长城。蒙恬常年在塞北抗击匈奴，经常打猎捕狼，他发现狼毫既柔软又挺直，适宜用来造笔，于是发明了狼毫毛笔。“伦纸”是说蔡伦造纸。

“钧巧”是名巧马钧的故事。马钧善于发明创造，发明了很多东西，造福人民。“任钓”是任公子钓鱼的故事。相传任公子钓到一条硕大无比的鱼，让很多人饱餐了一顿。

【国学小百科】

蔡伦造纸

纸发明之前，人们把文字刻在甲骨上，或写在竹板、丝绢上，甲骨刻字很费力，竹板又很笨重，而丝绢虽然轻便，但是很昂贵。

到了西汉，人们学会用植物纤维造纸，但这种纸很粗糙。后来，人们又造出了以丝为原料的“丝絮纸”，虽然比丝绢便宜，但造价依然很贵。东汉时宦官蔡伦决心寻找一种更好的造纸方法。蔡伦经常到河边，观察妇女洗蚕丝和抽蚕丝的“漂絮”过程。他发现，好的蚕丝拿走后，剩下的破乱蚕丝，会在席上形成薄薄的一层，有人就把它晒干，用来糊窗户、包东西，也可以用来写字。

蔡伦

于是蔡伦到造纸的作坊，向造丝絮纸的工匠们请教，逐渐了解和掌握了造纸的基本过程。为了降低造纸的成本，蔡伦就将树皮、麻皮、破布、废渔网这些常见的材料捣碎，做成纸浆。他使用“漂絮”的方法，用席子捞纸浆，捞出的纸浆便在席子上形成薄薄的一层，晒干后就成了纸，人称“蔡侯纸”。

【相关链接】

天下名巧

马钧，字德衡，扶风（今陕西兴平东南）人。他出身贫寒，性巧又善于动脑筋，不善言谈，极富观察思索能力，是三国时期的发明家。

魏明帝时，马钧见当时的织机五十条经线者有五十蹑（脚踏操纵板），六十条经线者六十蹑，便将织机一律改为十二蹑，使丝织效率提高了5倍。在洛阳时，他发明了龙骨水车，利用流水做动力，可连续自动提水、灌溉，直到今天仍然在使用。

马钧还充分发挥自己的想象力，复原了黄帝时代的指南车，并利用水力推动齿轮制造了多种玩具，他制作的木头人能跳舞，奇妙无比。由于他奇思妙想，手艺精巧，在当时被誉为“天下名巧”。

释纷利俗，竝皆佳妙

【译文】

他们的技艺有的解人纠纷，有的方便群众，都高明巧妙，为人称道。

【注释】

①释纷：解决纠纷。

【评解】

这两句话对上面介绍的八个人作了一个总结，“释纷”是解人纠纷，“利俗”是便利俗民，二者合起来的意思，就是说他们的技艺或解人纠纷，或利益百姓，造福社会，都是高明巧妙，为人们所称道。

说到世间的技艺和人类的发明创造，其目的在于解人纠纷，方便百姓，仅此而已。技术技巧、发明创造，在上古时代既不提倡，也不禁止。因为当权者认为人不用教还在机谋巧算，动鬼点子，一旦正面加以提倡，人心会越来越诡诈，技术花样越来越多，于国于民都不利。

【国学小百科】

“借”东风

建安十三年（208年），曹操率八十万大军进攻东吴，东吴与刘蜀联合抗击曹魏。诸葛亮巧借东风，火烧曹军水寨，曹操损失惨重，败回北方。

“东风”真的是诸葛亮向天借来的吗？根据科学考证，原来那天是冬至之日。地球在围绕太阳公转的轨道上有得到日照最多和得到日照最少的两个日子，这会引起地球表面各种气候的变化，古人虽不了解这样深层的道理，但却发现了这两个转折性的日子的存在，分别命之为“夏至”和“冬至”，并用“夏至一阴生”，“冬至一阳生”来概括这两个日子后的气候变化规律。

所以，如果冬至前阴气旺盛，在长江沿岸则刮起西北风，那么冬至后阳气生长，长江沿岸的风向则要变化，转为东南风。所以，诸葛亮才会巧借东风，打败曹操。

【相关链接】

宗悫少年立志

宗悫是南北朝时宋朝的将军，他从小就很勇敢，也很有抱负。他的叔父宗炳字少文，学问很好但不肯做官。

宗悫小的时候宗炳问他长大后志向是什么？宗悫回答道：“愿乘长风，破万里浪。”意思是说我一定要突破一切障碍，勇往直前，干一番事业。宗炳说：“就算你不能大富大贵，也必然会光宗耀祖。”

宗悫当然不是空口一言，他刻苦习武。14 岁时，有强盗来村里骚扰，小宗悫挥舞大刀勇斗强盗。江夏王刘义听说了这件事，对宗悫很赞赏，派人把宗悫请到府中做了一名武官。宗悫当然并没有就此满足，他更加勤学苦练，努力奋斗，终于成为一位能征善战的将军。

毛施淑姿，工颦妍笑

【译文】

毛嫱、西施年轻美貌，哪怕皱着眉头，也像美美的笑。

【注释】

①毛：毛嫱，

②施：西施。

③淑：美好。

④颦：皱眉。

⑤妍：美丽。

【评解】

这两句介绍了我国古代两位美女：毛嫱、西施。她们两人都是春秋时期越国的美女。

管子曾在《管子》一书中赞美两人的美貌，说："毛嫱西施，天下之美人也。"庄子也赞叹："毛嫱丽姬，人之所美也，鱼见之深入，鸟见之高飞。"

淑是美、善的意思。姿是仪态、姿容。淑姿是姿容姣美，从音容笑貌，到体态形质无一不美。工是善于干某事，颦是皱眉头，妍是美丽，笑是笑靥。相传，西施被越王勾践献给吴王夫差，从此夫差不理朝政，吴国国力日益衰微，终于被越国打败。西施与范蠡一起泛舟西子湖，双双归隐。

【国学小百科】

中国古代四大美女

西施、貂蝉、王昭君、杨玉环并称我国古代四大美女，关于她们的美貌有"沉鱼落雁，闭月羞花"的描述。

"沉鱼"说的是西施浣纱的故事，西施去西边浣纱，水中的鱼儿看到西施的美貌，都自惭形秽，沉到水底不敢上来。"落雁"是说，王昭君远嫁塞外，与匈奴和亲，在去塞外的途中，天上飞翔的大雁看到美丽的昭君忘记了挥动翅膀，从空中跌下来。

"闭月"说的是三国美女貂蝉，一天夜里，貂蝉在院中赏月，月亮自以为很美，无人能比，当看到貂蝉时，觉得自己实在丑陋，赶紧躲到云层中。"羞花"是说杨贵妃"回眸一笑百媚生"，春天宫中鲜花盛开，争妍斗奇，可是等杨贵妃到园中赏花时，各种鲜花都变得垂头丧气，自愧不如杨贵妃的美貌。

【相关链接】

东施效颦

春秋时代，越国有一位美女名叫西施，样貌十分美丽，举手投足都惹人喜爱，天下无人不惊叹她的美貌。西施患有心口疼的毛病。一日，她的病又犯了，只见她手捂胸口，双眉皱起，流露出一种娇媚柔弱的女性美。当她从乡间走过的时候，乡里人无不睁大眼睛注视。

同村有一个丑女子，名叫东施。这一天她看到西施捂着胸口、皱着双眉的样子竟然这么美，也学着西施的样子，手捂胸口，紧皱眉头，在村里走来走去。哪知她的矫揉造作看起来更难看了。人们见了这个怪模怪样模仿西施心口疼，在村里走来走去的丑女人，简直像见了瘟神一般，都远远地躲着她。

年矢每催，曦晖朗曜

【译文】

可惜青春易逝，岁月匆匆催人渐老，只有太阳的光辉永远朗照。

【注释】

①年矢：比喻时光如箭。
②每催：频繁地催促。
③曦：日光。
④曜：照耀。

【评解】

这两句告诉人们要把握青春，珍惜光阴。

“年矢每催”是说，岁月流逝，催人向老。矢是漏矢，古代的计时工具用孔壶滴漏，现在故宫的后三宫里还陈设有此孔壶。

《汉书》记载："孔壶为漏，浮箭为刻"，可见这里的矢为浮箭是没错的。浮箭上有时间刻度，水滴一落，刻箭就上浮，所以叫做"每催"，频频催促，非常形象。

"曦晖朗曜"是说，太阳的光辉永远照耀大地。曦、晖皆为日光，曦为晨光，早晨的阳光叫晨曦；晖是阳光外面的那层晕晕的光圈，朗是明朗，曜是照耀。

【国学小百科】

古人如何记时

古代人们计时的方式和现在大不相同，我国古人记时方法主要有两种：

1. 天色记时

在千古名篇《孔雀东南飞》中有"鸡鸣入机织，夜夜不得息。""奄奄黄昏后，寂寂人定初。"这里就包含了古代的时辰。古人将一昼夜划分为十二个时辰，分别是：夜半、鸡鸣、平旦、日出、食时、隅中、日中、日昳、晡时、日入、黄昏、人定。

2. 地支记时

以十二地支来表示一昼夜十二时辰的变化。近代又把每个时辰细分为初、正。晚上 11 点即 23 点为"子初"，12 点即 24 点为"子正"，凌晨 1 点为"丑初"，2 点为"丑正"，由此类推。《景阳冈》："可教往来客人于巳、午、未三个时辰过冈。"《群英会蒋干中计》："从巳时直杀到未时。"

古代由专设的更夫在夜晚用鼓敲打按时报更，所以称为五更、五鼓。一更、二更、三更、四更、五更，更夫一面敲打，一面晓谕各家各户："平安无事，小心火烛。"《孔雀东南飞》："仰头相向鸣，夜夜达五更。"《从军五更转》曲："五更催送筹，晓色映山头。"

【相关链接】

凿壁偷光

西汉人匡衡自幼酷爱读书，家里贫困没钱供他读书，他就主动向人学习识字。“穷人的孩子早当家”，白天要劳动，没有多少空余时间，晚上匡衡很想读书，家里又穷得点不起灯，他为此很苦恼。

后来，他发现邻居家夜夜有灯光，就想了个办法。因为邻家点灯的房子和他的住室之间只隔着一堵墙。于是，他便在墙上凿了个小孔，灯光果然从小孔里透过来了，他高兴得简直跳了起来。

从此以后，他就每晚守在墙脚，借着这一线微弱的亮光读书，直到邻居家熄了灯，他才入睡。匡衡就是这样刻苦学习，后来成了一个很有学问的人。

璇玑悬斡，晦魄环照

【译文】

高悬的北斗随着四季变换转动，明晦的月光洒遍人间每个角落。

【注释】

①璇玑：北斗七星。

②斡：转动。

③晦：阴历月的最后一天。

④魄：月初出或者将没时的光。

【评解】

“璇玑悬斡”是说，北斗七星，高悬夜空，斗柄转动。璇玑是北斗七星中的两颗星，北斗星是现代天文学所称的大熊星座，其中的第二颗为天璇星，第三颗为天玑星，此处用璇玑来代表北斗七星。悬是悬挂、悬吊起来的意思。斡是旋转、斡旋。

上句中“曦晖朗曜”说的是太阳的光芒，“晦魄环照”再以月亮的光辉与以相对应，构成对仗的修辞格。阴历每个月的最后一天叫作晦，每个月的第一天叫朔。阴历月初之月叫魄，即新月。环照就表示月亮由朔、望、晦完成一个回环，周而复始，没有穷尽。明亮的月光永远遍洒人间四海，所以才激起人类无限的遐想。

【国学小百科】

北斗七星

古人给北斗七星命名为：天枢、天璇、天玑、天权、玉衡、开阳、摇光。前四颗星叫“斗魁”，又名“璇玑”；后三颗星叫“斗杓”“斗柄”。

北斗七星的第一颗是天枢，第二颗是天璇，二者连线的五倍距离就是北极星所在的位置。北斗七星的勺柄总是围绕着北极星旋转的，北斗星相对于北极星位置也是基本不变的，所谓“斗柄指东天下皆春，斗柄指南天下皆夏，斗柄指西天下皆秋，斗柄指北天下皆冬”。

北斗七星不停地转动，就代表了一年四季不断地推移交替。要找北斗七星，先要找天上最亮的两颗星，招摇二星，它们在北斗星斗柄的正前方。古人告诫我们做人要正直，切忌招摇，就是借用这两颗星的名字，因为这两颗星异常光亮，一眼就可以看到。所以做人不可以太招摇，以免成为众矢之的。

【相关链接】

鹊桥相会

相传，牛郎是个苦孩子，从小父母双亡，和哥哥相依为命。后来，哥哥娶妻成家，嫂子嫌弃牛郎，每天都让他干很多活，还不让他吃饱饭。过了几年，嫂子干脆提出分家，霸占了大部分家产，只把家里一头老牛分给了牛郎，其他什么都没给。

牛郎只好牵着老牛，去山上的破草屋居住。牛郎很勤劳，踏实努力地干活，靠老牛的帮助，在荒野上披荆斩棘，耕田种地，盖房子。没想到，那头老牛居然会开口说话，在老牛的指引下，牛郎与从仙界下凡的织女结为夫妻，他们相亲相爱，牛郎耕田，织女织布，男耕女织，过着幸福美满的生活。

织女私自下凡这件事被王母知道了，她派二郎神来捉拿织女回天庭。牛郎在老牛的帮助下，肩挑两个孩子，飞天去追抓走织女的二郎神，眼看就要追上了，王母拔下头上的玉簪划下了一道银河，隔断了牛郎的去路。从此，牛郎织女天各一方，只能在每年七月七日鹊桥相会。

指薪修祜，永绥吉劭

【译文】

行善积德才能像薪尽火传那样精神长存，子孙安康全靠你留下吉祥的忠告。

【注释】

①指薪：脂薪，古时烧之以照明。
②祜：福。
③绥：安好。
④劭：美好。

【评解】

“指薪修祜”一句引用《庄子·养生主》中的典故：“指穷于为薪，火传也，不知其尽也。”“指”通“脂”，油脂燃烧的时间，比柴草要长得多，所以古代点油灯多用膏，也就是动物脂肪。《楚辞·招魂》上说“兰膏明烛”，兰膏是加了兰香炼的膏，燃烧起来有香味。庄子说：烛芯的燃烧是有穷尽的，火却可以一直传下去没有穷尽，譬喻人的肉体会死亡而人类的生命现象是延续无穷的。祜是福德、福禄，修祜就是修福、积德。“指薪修祜”的真正含义是，人的一生只有修福积德，才能像薪尽火传那样精神永存。

“永绥吉劭”是对后世而言的，绥是安定、和平的意思；劭和吉表达同一含义，意为高尚、美好。如果自己能够利用有生之年，修德积福，子孙万代都会围绕在你这棵大树下，这就是“永绥吉劭”。

【国学小百科】

《永乐大典》

《永乐大典》是我国古代编纂的一部大百科全书，是中华民族珍贵的文化遗产。书中保存了我国上自先秦，下迄明初的各种典籍资料达 8000 余种，是中国古代最大的百科全书。

这部大百科全书的成书与明成祖朱棣有着深厚的关系。朱棣是朱元璋的第四个儿子，受封为“燕王”，驻守元朝旧都。1403 年，朱棣以“清君侧”的名义发动“靖难之役”，最终攻陷了南京，夺得帝位，年号“永乐”。

为了炫耀文治，朱棣命翰林院学士解缙、太子少保姚广孝为监修，编纂一部大型类书，用以系统地收集天下古今书籍，以便于查考。解缙等组织一百四十七人，按照《洪武正韵》的目录，编入各种资料，次年十一月，编纂完成，朱棣赐名《文献大成》，后人称《永乐大典》。

【相关链接】

曾国藩教子

清代的曾国藩，是湖南湘乡人，官至两江总督、直隶总督，管辖四个省，统帅大军。他身居高位，但是一生为官清廉，生活节俭。

曾国藩在教导长子曾纪泽的信中说：“勤俭自持，习劳习苦，可以处乐，可以处约。凡仕宦之家，由俭入奢易，由奢返俭难，尔尚年幼，且不可贪爱奢华，不可习惯懒惰。不论大家小家，士农工商，勤苦守约，未有不兴；骄奢倦怠，未有不败。”曾纪泽在他的严格教育下，卓有成就。后来出任驻英、德、法等国公使，是中国近代出色的外交官。

其弟曾国荃历任显官，曾国藩也常常提醒他居安思危、淡泊名利、功成身退。在曾国藩的言传身教下，子孙后代均小有成就。直到今天，曾氏子孙不少有成就的知名人士，如20世纪50年代曾任国家高教部副部长的曾昭抡教授，就是曾国藩的第五代世孙。

曾国藩

矩步引领，俯仰廊庙

【译文】

如此心地坦然，方可以昂头迈步，应付朝廷委以的重任。

【注释】

①矩步：迈步符合规定。

②领：颈。

【评解】

矩步是迈着方步，引领是伸着脖子。矩者方也，引者领也。古汉语的“矩步引领”就是现代汉语的“昂首阔步”，代表了一个人心胸坦荡无欺，行为正大光明。可以想见，一个内心“常戚戚”的人，一个心中总是“若有所遗”的人，他走起路来如何能昂首阔步呢？俯仰是一低头、一抬头。

廊庙是指朝廷、国家而说的，有一句古话叫“廊庙无才天下求”，就是这个意思。廊在古代指厅堂周围的屋子或有顶的通道。庙是祭祀祖先的宗祠，不是和尚住的地方。

“俯仰廊庙”是说，一举一动都要谨慎规矩，就像在朝廷上临朝，在祖庙中参加祭祀大典一样，庄严肃穆，恭谨敬畏，不敢有分毫的轻忽之举。

【国学小百科】

古人之“颈”

在古语中，“领”的本义就是脖子，是后脖子（与项同义），如“引领而望”是说伸长着脖子在远望；脖子的前半部分叫颈。颈部的左侧是气管，前部是喉管，右侧是颈总动脉。古人性情刚烈，“引颈自刎”是常有的事。“颈”一般是脖子的前面。古人说“刎颈”是自杀的意思，如西楚霸王项羽在乌江刎颈自杀，不能说“刎项”，因为“项”在后面。手持宝剑，转圈到脖子后面，也自杀不成。

【相关链接】

晏子使楚

晏子出使楚国，楚王耳闻晏子能言善辩，想挫一挫晏子的锐气。一日，楚王请晏子喝酒，喝酒喝得正高兴的时候，两名公差绑着一个人从庭前经过。楚王故意叫公差站住，大声问道：“绑着的人是干什么的?”公差回答说：“他是齐国人，犯了偷窃罪。”

楚王看着晏子问道：“你们齐国人本来就善于偷东西的吗?”晏子离开了席位，正色回答道：“我听说这样一件事，橘树生长在淮河以南会结出又大又甜的柑橘，生长在淮河以北则结出又小又苦的枳，为什么会这样呢？是因为水土条件不相同罢了。我们齐国人在齐国从未偷盗，为何到了楚国却干起了偷窃之事呢？看来是楚国社会风气把他带坏了。”楚王听了，无言以对。

束带矜庄，徘徊瞻眺

【译文】

如此无愧人生，尽可以整束衣冠，庄重从容地高瞻远望。

【注释】

①束：系。
②矜庄：端正庄严。
③眺：望。

【评解】

这句话告诉人们内心坦坦荡荡，尽可以大方做人，从容不迫，正所谓“身正不怕影子斜”。

“束带矜庄”是衣冠严整，举止从容的意思。衣冠文物历来是中国文明史上重要的一部分，古今中外穿衣服都讲究内外有别，居家的服饰要宽松、舒适，现在讲要休闲。对外的服饰要严整，符合身份。

衣冠严整是对他人的尊重，举止从容是对自己的尊重。矜是端庄、凝重，如《论语》中所言：“君子矜而不争。”庄是表情严肃、容貌端正。因此“束带矜庄”是衣冠严整，举止从容，表情严肃，容貌端正的意思。

徘徊是来回走动，小心谨慎的样子。瞻是仰视的意思，有成语“高瞻远瞩”；眺是远望，即是远瞩。一个人没有豁达的胸怀，不能高瞻远瞩，就不可能担当重任。

【国学小百科】

古人的“衣”与“冠”

对古代贵族而言，头衣又称元服，即帽子。帽是汉以后的称谓。古时贵族戴冠、冕、弁，百姓戴帻。冠是贵族男子所戴的普通帽子。

冕是一种最尊贵的黑色礼冠。天子、诸侯、大夫在祭祀的时候都戴冕。冕上面是一幅长方形木板，前沿挂着一串串的小圆玉，叫作旒，天子十二旒。后来只有帝王才可以戴冕。冠、冕、弁是平常戴的，战时在冠上要戴胄。甲士见到尊者，要免胄、下车，表示敬意。

古人的上衣。短上衣叫襦。衣与裳合为一的叫深衣，长到脚踝。深衣是士的常服，庶民的礼服。古人御寒的衣服有裘。古人穿裘，毛向外，在行礼或接见贵客时，还要在裘上加一件罩衣，否则就会被认为不礼貌。袍原指絮了旧丝绵的上衣，汉代以后袍成为朝服。褐是最粗劣的一种衣服，用粗毛编织，所以贫苦的人被称为褐夫。

古代的下衣有裳、绔。裳指裙子，古代男子也穿裙。绔，是不分前后的套裤。纨绔是质地很好的裤子，因此便以纨绔子弟指不务正业的富家子弟。

刘翊赴任

刘翊是东汉颍阴人，为人重义守德，世代家资殷实，经常救济穷人而不图报答。汉献帝迁都西京后，刘翊被举荐为计掾，后来因有功而被皇帝下特诏任命为议郎，调任陈留太守。

刘翊将自己手上持有的珍宝全部分给了他人，自己仅留下车马赴任去了。出了函谷关几百里地后，刘翊发现一位士大夫病死在路旁，刘翊于是用自己的马换了棺材，脱下自己的衣服将死者收殓了。

走了一段路，又遇到以前认识的一个人饿晕在路旁，刘翊不忍心丢下他，便将驾车的牛又杀了，煮牛肉给这个人吃。大家都劝阻他，刘翊却说：“见死不救，这不是有志之士所为。”后来，他同那些人都饿死了，刘翊就这样死在了赴任的路上。

见人有难，能够倾囊相助，即使失去性命也在所不惜，刘翊用自己的行动践行了“舍生取义”的人生信仰。

孤陋寡闻，愚蒙等诮

【译文】

这些道理孤陋寡闻就不会明白，只能和愚昧无知的人一样空活一世，让人耻笑。

【注释】

①陋：鄙陋。

②寡：少。

③等诮：同样受人嘲笑。诮，讥笑。

【评解】

这是周兴嗣编撰千字文的自谦之词。南朝梁武帝命散骑侍郎、给事中周兴嗣编撰千字文，周兴嗣殚精竭虑，用了一夜时间将其编完，累得须发皆白。

在这两句里他说：“我自己学识浅薄，见闻不广，愚笨糊涂，难复圣命，只有等待圣上的责问和耻笑了。”“孤陋寡闻”是学识浅薄、见闻有限。愚是愚昧无知、头脑笨拙的意思，蒙的本义是草木暗昧，此处引申为昏聩、糊涂的意思。等是等候、等待，诮是责备、讥讽、嘲笑。

【国学小百科】

故宫藏书

故宫历来是皇家藏书之处，其藏书以清代宫廷旧藏为主要特色。虽然因为历史原因，在大陆、台湾等地多有流散，但仍荟萃了不少珍稀精品。

其中，成为历代典范的武英殿刻本、明清内府精抄本，种类繁多

的历史佳作、地方史志及满、蒙、藏等民族文字古籍等，都属于善本旧籍；而精美绝伦的帝后服饰图样、皇家建筑图样、旧藏照片和陈设档案、佛事经籍、皇帝御笔和名臣写经等，都属于特藏。

故宫藏书之多，居世界之首列。

【相关链接】

魏昭尊师

东汉时的魏昭，小时候勤奋、聪明、好学。他的老师郭林宗是一位知识渊博的学者，魏昭便对人说："教念经书的老师是很容易请到的，但是要请到一位能教人成为老师的人，就不容易了。而郭先生就是一位能教人成为老师的人。"

有一次，郭林宗要魏昭煮粥给他吃。当魏昭端着煮好的粥进来时，郭林宗便呵斥他煮的粥不好，叫他重做，而魏昭就乖乖地再煮了一次。直到第四次，当魏昭再端粥进来时，郭林宗笑着说："我以前只看到你的表面，今天终于看到你的真心了！"于是，郭林宗将毕生所学毫不保留地传授给了魏昭，而魏昭也不负众望，终成大器。

谓语助者，焉哉乎也

【译文】

说到古书中的语气助词，那就是"焉""哉""乎""也"了。

【注释】

①谓：称为。

【评解】

编完《千字文》乌发皆白，最后剩下"焉、哉、乎、也"这几个语气助词。

【国学小百科】

“推敲”的由来

贾岛是唐朝著名的苦吟派诗人。为了一句诗或是诗中的一个词，不惜耗费心血，花费功夫。贾岛曾用几年时间做了一首诗。

一次，贾岛骑着毛驴在长安朱雀大街上走，边走边琢磨着一句诗“鸟宿池边树，僧推月下门”。可是他又觉着推不太合适，不如敲好。嘴里就“推敲推敲”地念叨着。不知不觉地，就骑着驴闯进了大官韩愈的仪仗队里。

贾岛推敲

韩愈问贾岛为什么乱闯，贾岛如实说了。韩愈听罢，哈哈大笑，对贾岛说：“我看还是用‘敲’好，一是门如果是关着的，推怎么能推开呢？二是夜深人静，还是敲门有礼貌呀！而且一个‘敲’字，使夜静更深之时，多了几分声响。静中有动，岂不活泼？”贾岛听了连连点头。因此，他和韩愈成了朋友。

【相关链接】

“之”字趣谈

在宋代文莹编撰的《湘山野录》中记载了这样一件趣事：赵匡胤在当上皇帝以后，准备拓宽外城。一日，他来到朱雀门前，抬头看见门匾上写着“朱雀之门”四个字，觉得很别扭，就问身旁的大臣赵普：“为什么不写‘朱雀门’三个字，‘朱雀之门’多用一个‘之’字有什么用呢？”赵普告诉他说：“这是把‘之’字作为语助词用的。”赵匡胤听后哈哈大笑，说：“之乎者也这些虚字，能助得什么事情啊！”